青少年

—厌学心理学—

慧　海◎著

当代中国出版社
Contemporary China Publishing House
2021年·北京

图书在版编目(CIP)数据

青少年厌学心理学：如何让孩子主动高效学习 / 慧海著 . -- 北京 ：当代中国出版社，2021. 3
ISBN 978-7-5154-1088-3

Ⅰ . ①青… Ⅱ . ①慧… Ⅲ . ①青少年—学习心理学 Ⅳ . ① G442

中国版本图书馆 CIP 数据核字（2021）第 003776 号

出 版 人　曹宏举
责任编辑　陈　莎　吴　婕
策划支持　华夏智库 · 张　杰
责任校对　康　莹
出版统筹　周海霞
封面设计　尚世视觉
出版发行　当代中国出版社
地　　址　北京市地安门西大街旌勇里 8 号
网　　址　http://www.ddzg.net　邮箱：ddzgcbs@sina.com
邮政编码　100009
编 辑 部　（010）66572264　66572154　66572132　66572180
市 场 部　（010）66572281　66572161　66572157　83221785
印　　刷　三河市长城印刷有限公司
开　　本　710 毫米 × 1000 毫米　1/16
印　　张　13.5 印张　152 千字
版　　次　2021 年 3 月第 1 版
印　　次　2021 年 3 月第 1 次印刷
定　　价　48.00 元

前言

现实中，很多家长都会面临这样一个问题：开学伊始，孩子热情高涨，特别愿意上学。可是，过不了多久，随着新鲜劲儿的逐渐消退，孩子对上学就会越来越排斥。尤其是面对沉重的课业负担，很多孩子都会表现出严重的抵触情绪，比如，早晨不想起床，任家长怎么叫也不睁眼；放学后不想写作业，任家长催促多遍也毫无作用。

厌学，几乎是每个孩子都会经历的，青少年时期更是如此。如何妥善处理这个问题，考验着家长的智慧。笔者认识一位林女士，她的做法特别值得提倡。

林女士的儿子正在上高中，过去学习成绩一直都不错。可是，到了高二下半学期，孩子却迷恋上了网络游戏，经常在网吧熬夜包宿。为了断除儿子的网瘾，林女士想了很多办法，甚至还将他锁在家里，结果孩子依然会想办法跑出去。林女士感到很无奈，甚至一度要放弃。发展到后期，孩子的厌学情绪到达顶点，竟然背着林女士向学校提出了退学申请。幸亏班主任很负责，主动给林女士打了电话，否则林女士不知道要被瞒到何时。

林女士原本是个性格要强的人，从老师那里听说了儿子的事情，勃然大怒，跟儿子大吵起来。不过，最后她改变策略，选择了妥协，答应了儿子的要求，同意他独自到外面去闯荡一番。儿子兴冲冲地出门，结果没过多久就回家了。原来，外面的世界并不如他想象的那么美好，体会到艰辛和不易之后，他主动提出要继续上学。后来，孩子努力学习，考上了理想的大学。

仅从事件的过程来看，林女士的做法似乎很不寻常，但笔者却认为她的做法充满了智慧。孩子长到青少年阶段，会生出逆反心理。林女士放下架子，对儿子少了强迫而多了尊重，让孩子自己体验生活，孩子的心理终于发生了转变。这件事再一次告诉我们，教育孩子不可能一蹴而就，必须掌握多种方法。孩子厌学，可以大胆地让他去体验生活，让他主动接触世间百态，从而明白学习的目的和意义，珍惜学习的时光。

青少年时期，孩子为何会厌学呢？原因不外乎这样几个：

（1）学不会。孩子使用了不正确的学习方法，没有掌握熟练的学习技能，总是完不成学习任务，只能陷入书山题海。时间一长，孩子就会疲于应对，出现精力衰退、积极性减弱的现象。而当他看到其他同学都完成了学习任务，自己却还没有完成，就会变得更加焦虑。久而久之，孩子的学习兴趣就会被这种焦虑所击垮，从而产生厌学情绪。

（2）无希望。有些孩子成绩不好，再加上家长抱怨，会对学习失去信心，看不到未来，表面上看他们似乎在学习，其实心里一直都想放弃。这其中最主要的原因就在于，他们无法客观地评价自己的能力，只要失败一两次，就会全盘否定自己，抗挫折能力弱，有些人甚至还会对自己感到绝望。

（3）学不进去。有些孩子也想学习，但在学习的时候，总会被某件事分散注意力，很容易受到周围环境、人际交往等因素的影响，而无法安心学习。比如，考试焦虑、失眠、注意力不集中、厌学、抑郁等，会过度消耗孩子的心理空缺，即使孩子的潜能很大，也得不到充分发挥。

（4）不知道学习目的。有人曾做过一个问卷调查，问孩子为什么要上学，得到的答案大致可以划分为两类：一类是不知道为什么要上学；一类是爸爸妈妈让他们好好学习所以才上学。两类孩子都有一个共同点，就是不知道学习的真正目的。多数孩子都是为家长、为老师、为考上好大学而学，对自己未来的发展没有清晰的目标和方向，只是随大溜，过一天算一天。

孩子厌学的表现主要有如下几点：

（1）推脱责任。厌学的孩子会将失败简单地归结于外部，不能客观分析成绩不良的原因，不懂自我检查，不能吸取教训。比如，考试失利，他们会说是老师上课没有讲清或阅卷不公等。其实，他们知道自己考试失利的原因，只不过不敢正视，只想推脱责任。

（2）自我贬低。一些厌学的孩子，如果成绩不理想，就会变得非常自卑，觉得自己不是学习的材料，即使很努力也不会有所收获，从而失去信心，甚至一蹶不振。

（3）精神胜利法。厌学的孩子，受到挫折时，不会分析原因，只会回避现实，想要改变周围人对自己的看法，容易沉湎于以往的成功中。

（4）自我保护。有些孩子在学业遭受挫折后，会列举出很多遇到同样挫折的同学，证明失败的不仅仅是自己一个人，学习不好不是自己的问题，从而逃避责任。

（5）合理化。考试失利后，为了减轻内心的负罪感，有些孩子会把自己遇到的问题合理化，用自己能接受的理由来掩盖自己真实的动机。

仔细观察孩子，如果孩子出现上述3—4项表现，就可以初步断定孩子有厌学情绪了。

如果孩子确实厌学，家长就要认真对待，可通过如下方法来改变孩子对待学习的态度：

（1）让孩子看到学习的进步。家长无论工作多忙，都要不定时地对孩子的作业进行检查，简单记录孩子的学习情况，同时将孩子用完的作业本收集起来，一段时间后再将作业完成情况拿出来比较，告诉孩子有哪些进步、哪些不足。孩子在了解自己的学习情况后，就会更有信心和动力。

（2）帮孩子克服学习困难。孩子逃学、厌学都是有原因的，比如，学习基础差，虽然很努力，却依然赶不上，于是干脆不想学了。对于这类孩子，家长可以协助其抓紧“补课”，尽快补上漏洞，让其体会到学习的乐趣。

（3）发现并鼓励孩子的进步。学习要经历一个艰苦的过程，要培养孩子持之以恒的毅力，鼓励他坚持到最后。因此，即使孩子取得了微小的进步，也要及时鼓励。

（4）让孩子养成良好的学习习惯。在孩子学习问题上，家长可以给予指导，但不要完全主导，要让孩子保持对学习的责任感和独立性。

（5）给孩子提供自由、宽松的学习环境，让孩子直接参与学习，使用良好的评价方式与手段，让孩子不再厌学。

（6）善于激发孩子的学习兴趣。兴趣是最好的老师，只有对学习感兴趣，孩子才能增强学习的主动性。

（7）引导孩子掌握正确的学习方法。比如，让孩子合理利用时间和大脑，不搞疲劳战，以质取胜。

（8）帮孩子同老师建立良好关系。鼓励孩子主动跟其他孩子交往，提高其对集体生活的适应能力。

关于改善孩子厌学情绪的方法，这里仅列出上述八种，其实还有很多，在书中我们将会一一讲述。

本书从让孩子明确学习目的出发，介绍了让孩子从厌学情绪中走出来的方法，比如，培养孩子对学习的兴趣、提高专注力、掌握学习方法、端正态度、有效管理时间等。方法实用，语言朴实，能切实为家长提供帮助和指引。

青少年作为特殊群体，既不再是幼儿，也有别于儿童。该阶段的孩子自我意识已经逐渐形成，他们更自立、自信、自强，同时也更自我。他们希望得到父母的认同，却又跟父母缺乏交流；他们有交友的意愿，却无法分辨良友和损友；他们希望被父母信任，却不敢对父母表达；他们想提高成绩，可是随着心理困扰的增多，他们的学习成绩在一点点下降……

面对特殊时期的孩子，家长只有多关注他们的心理，从他们的心理出发，才能找到正确解决问题的方法，才能让孩子在提高成绩的同时实现自我成长。反之，如果忽视了青少年的心理变化，家长的诸多行为也注定将事与愿违。

目 录

第一章

孩子，你为谁而学习

听话，不是学习的理由

现实中，多数家长都希望自己的孩子乖巧听话，取得好成绩，将来能够考上一所理想的大学。而那些有个性的孩子则会被当作叛逆和另类者，不受待见。似乎，只要好好学习，就是好孩子。

对于青少年来说，学习是人生的头等大事，而“学习到底是为了谁”又是一个值得认真思考的问题。因为，只有真正明白学习的目的和意义，孩子才能准确定位自己的人生坐标，才能更主动地去实现自己的理想。生活中，我们经常会听到这样的声音：

“听话，快回屋学习去！”

“听话，快去学习！”

长久以来，“听不听话”似乎是评价孩子好不好的首要标准。因为，在很多家长的眼中，听话的孩子就是好孩子，而孩子也经常听到家长对自己这样的称赞：“真是个听话的好孩子。”于是，为了得到这样一句称赞，很多孩子就会为了听话而读书，甚至是为了家长而读书。

如今，社会竞争日益激烈，家长对孩子读书有了更多的要求，希望他们上最好的学校，恨不得孩子琴棋书画样样精通，有些家长甚至还将孩子的成长之路都规划好了，而孩子们为了那句“听话的孩子就是好孩子”，只能听从家长的安排。

一次，妈妈和女儿发生了争执。

妈妈大声呵斥：“作业写完没？谁允许你看电视的？不好好读书，天天只会看电视！”

女儿大声回应：“读书读书读书，天天就知道让我读书，读书到底是为了什么？”

妈妈回答：“还不是为了你自己，难道是为了我？”

女儿很生气：“为了我？我怎么感觉自己读书都是为了你！”然后，女儿摔门进了房间。

很多家庭可能都发生过类似的事情，家长长期把控着孩子的日程表，将读书的意志强加在孩子身上，让孩子一度认为读书这件事，家长比自己看得都重。孩子不知道原因，不明白为何要读书，为什么而生活，只知道读书很重要，不读书父母就会生气，但是为什么生气，他们全然不知。

而家长呢？一方面舍不得放手让孩子自己成长，另一方面又希望孩子长大，但事实是鱼和熊掌不可兼得。相对而言，有些国家的孩子则表现出更强的独立性。比如，日本的家长在孩子很小的时候，就会给他们灌输一个思想，即不要过多地麻烦别人；而瑞士的家长，则要求孩子从小就自食其力。

由此可见，对孩子一味地疼爱并不能保证其健康成长，想要让孩子更懂事，更成熟，就要从小培养他们独立自主的习惯，让孩子明白做事情的意义，这才是最好的教育。同时让孩子知道学习的意义，才能真正提高他们的学习积极性。而那些只是为了培养听话的孩子、让孩子乖乖学习的教育方法，则很容易使孩子在长大后变成以下几类人：

（1）普通人而非决策者。这类孩子进入社会以后，多数只能成为一个普通人，而非决策者。即使当了领导，关键时刻需要他拿主意时，他也只会选择逃避，不敢承担责任。不管是生活还是工作，只要涉及决策，他都会习惯性地选择逃避。

（2）有较好的执行力。乖巧的孩子，从小都会按照家长和老师的要求，按部就班地认真学习，成绩比较优秀，也深得家长的喜欢，被认为前途无量。他们的执行力较强，大学毕业步入社会后，一般会成为老师、技术人员或其他公职人员。

（3）思维比较僵化。对家长唯命是从的孩子，一般都没有自己的想法，只会按家长的要求做，只适合做下属或辅助人员，缺少管理和指挥才能，多是别人说什么他就做什么，没有自己独立的想法和判断，长大后也就不会有太大的作为。

（4）没有独立的想法。太听话的孩子内心深处一般都比较胆小和怯懦，喜欢依赖别人，不敢大胆作出判断和决策，害怕承担责任。完全听别人的话，就会减轻自己的责任，从而过得比较轻松。

而理想型的孩子，除了成绩好，还应具备以下几个特点：

（1）会思考，有想法。作为新一代青少年，应该善于独立思考，有自己的想法，遇事懂得灵活处理；因为能够正面接受批评，心理承受能力也比较强，能够应对各种挫折；知道如何应对危机，会对自己的行为负责，会依靠自己的力量解决问题。

（2）敢于尝试各种挑战。失败能磨炼孩子的意志，使孩子在摸爬滚打中总结经验，从而更好地成长。人到中年，他们的优势就会充分显露出来，通常都会比那些听话的孩子更有成就。

因此，孩子在成长过程中，并非成绩越好，未来成就就一定越大。相反，那些有个性、会思考的孩子，成年后反而更容易取得成绩。所以，在孩子成长的过程中，不要过度控制孩子，而应培养他们真正独立自主的能力，让他们真正明白学习是为了自己。

多读书，有何用？

最近几年，社会变化巨大，人们的思想观念也跟着发生了变化，再加上物价飞涨，很多人都对读书产生了质疑，有些大人甚至直言不讳地告诉孩子“读书没用，早点出去工作，还能挣点钱”。青少年的年龄还小，思想不成熟，对事物缺少正确判断，再加上对父母说的话深信不疑，于是也就对读书不再充满热情。

生活中下面的场景经常可见：

场景一：

男孩基础不好，初一懒懒散散，初二成绩跟不上，初三得过且过，一心想着赶快毕业好出去打工挣钱。想着每月能挣几百元钱，不用再跟大人伸手要钱了，他就非常高兴。

场景二：

女孩不喜欢读书，刚上初中，就开始打扮自己，每天早上都会在洗手间待半个小时。每次妈妈给她买衣服，她都要自己挑选。妈妈觉得初中生穿洞洞裤、露脐装不适合，她却非常喜欢。每到周末，就会给自己化上妆，穿上洞洞裤，出去招摇。

看到这样的孩子，很多大人都会嗤之以鼻，有些甚至还会抱怨一句：“家长也不管管。”其实，为人父母，为了孩子的成长，谁不会管教？可是，很多孩子依然长成了“歪脖树”。这些孩子为何不愿意学习？归根结底就在于，他们还没有意识到读书的重要性，不知道读书能为自己带来什么，对自己的未来有什么影响。

读书，是孩子成才的最佳途径。虽然社会上有些创业成功者仅仅初中或高中毕业，但也不能就此否定读书对个人成长的重要作用。有些人虽然在校成绩不好，但走入社会后，抓住一切机会学习，依然取得了巨大成绩。因此，我们不能以这些成功者是初中毕业或高中毕业来论长短，更不能因为某些大学毕业生找不到工作就否定读书的作用。好好读书，能让我们在诸多方面受益。

一是好读书，成绩好。读书，是学习的重要途径。事实证明，平时喜欢读书的孩子，成绩一般都不会太差。不喜欢读书，一看到书就头疼，就会连基础知识都学不会，更别谈其他了。

二是多读书，能够扩展视野。“书中自有黄金屋，书中自有颜如玉”，即使足不出户，通过阅读相关书籍，也能了解很多地方的人文、风俗，以及众多历史名人知识，进而拓宽视野，加强认识。孩子的健康成长，不能拘泥于一方小天地中，而阅读就是他们扩大视野的好途径。

三是勤读书，思想更成熟。书籍闪烁着智慧的光芒，在阅读的过程中，孩子们能增强辨别能力，懂得换位思考，言行举止也会更加稳重。

四是常读书，心态更健康。在阅读的过程中，孩子的情感会得到满足，不良情绪会得到宣泄，负面思想会被矫正，心态也会更健康。他们会从书中得到启迪，变得更加自尊、自信、自强、自立、自爱。

为了谁而学习

孩子升入小学后，很多家长就成了孩子的“催命符”。

晚上，李女士正在客厅里看电视，突然楼上传来一阵尖叫：“你说，究竟是什么关系？”

李女士的八卦心被激发了出来，于是走到窗户边，探出脑袋。

“相反数啊！正数和负数不是互为相反数吗？”叫喊声越来越高，仿佛要把楼震塌。

李女士瞬间明白了怎么回事，转身离开。

敦促孩子做功课的时候，看着他们不情愿的样子，很多家长都会产生一种锥心的无力和无奈感。只有家长痛心疾首地现身说法，外加唾沫横飞、软硬兼施，孩子才会伏案疾书。可是，现实告诉我们，当今社会正以残酷的方式惩罚着不好好学习的人，文盲就是贫穷的代名词。

如果时光能倒流，相信很多家长都愿意重新回到十年寒窗的年代，珍惜学习的机会，奋发图强，可惜没有如果。未来怎么样我们不得而知，但对于孩子来说，努力学习是首当其冲的要务。

想想看：每当你劝孩子努力读书考个好大学、以后找个好工作时，孩子会不会嗤之以鼻？或者为了不忤逆家长，孩子会做出口是心非的应允？

当今社会，虽说学习不好人生不一定没有希望，但如果两个人条件相同，从事同一份工作，成绩好的孩子可能会更有优势。在这快节奏又竞争激烈的时代，家长在努力的同时，更需要孩子的努力；只有孩子努力读书，才能在未来过上他们想要的生活。

中国台湾著名作家龙应台对儿子安德烈说过这样一段话：

孩子，我要求你读书用功，不是因为我要你跟别人比成就，而是因为我希望你将来会拥有选择的权利，选择有意义、有时间的工作，而不是被迫谋生。

孩子，总有一天你会长大，你要肩负起自己的人生。你知道这个世界上有多少人每天埋头苦干却只能勉强维持温饱吗？你知道这个世界上有多少人拼命工作却只能蜗居在地下室吗？努力读书，学习一些技能，并不一定能让你成为百万富翁，却至少可以让你选择一份喜欢的工作，能够有尊严地活着，而不是被迫地让工作来选择你。

孩子，努力的结果有可能荣华富贵，也有可能穷困潦倒。无论怎样，用知识武装的头脑都会很充实，腹有诗书气自华。人与人的五官和四肢没什么区别，最大的不同在于精神。仅有物质，那叫生存；有了精神，那才叫生活。没读过书的人何来高雅气质、儒雅品味、文雅修养？

孩子，我只是想叮嘱一句——长大之后没有儿戏，校园之外没有温室！请记住，外面的世界不会轻易原谅你！你曾经在学习上偷过的懒，未来都会以另一种方式惩罚你，请不要因为现在短暂的安逸，而一辈子生活在社会底层！当你不想学习或厌恶学习的时候，请告诉自己，现在的努力都是为了将来能有更多可选择的机会，请不要让偷过的懒变成了打脸的巴掌。

读书人的命运各有不同，但是多数不读书的人都只能生活在社会底层。也许抛开金钱观、阶层观，人与人本就平等，不该以这样的视角去审视他们的成败，而且社会底层确确实实支撑着整个社会的运行，但是，随着未来的发展，文盲终将退出历史舞台，这是事实，也是趋势。如果你想改变，想拥有向上、进步的机会，请不要怀疑，捧起你的书本努力学习吧！

龙应台的这段话告诉我们，作为家长，要想让孩子成绩好的重要方法之一就是：教育孩子树立“学习永远是为‘自己’”的观念！这是一个细致而又艰苦的过程，不同的孩子接受的过程可能会存在差异，但只要孩子真正明白了这一点，家长对他们的学习就可以放心了。

在现实中，很多孩子都认为自己是在为家长而读书。原因有很多，最主要的可能是家长希望孩子成才的心太迫切。不得不承认，家长为孩子设计人生之路，确实费尽了苦心。但实际上，很多理念并不符合实际，与时代发展相悖，需要不断修正和完善。所以，让孩子明白学习是为自己，为自己今后的人生打下坚实的基础，就显得万分重要。

为了什么而学习

处于青少年时期的孩子，一般都很有主见，告诉他学习很重要，他可能会不以为然地举些例子：

大学生毕业，还有去开面包店、奶茶店的；

北大毕业生，还去菜市场卖猪肉；

北大硕士生，还去养猪；

那么，我为什么非要走学习这一条路呢？

面对孩子的提问，家长该如何回答呢？

家长甲可能会直接告诉孩子："学习，是必须要去做的事情。失去好奇心和求知欲，连自己生存的世界都不想了解，还能做什么？学习，不是为了考试，而是为了成为出色的人。"

家长乙可能会用下面一段对话来回答：

女儿问："爸，上学有什么用？"

爸爸正在拖地，把她叫到洗手间，指着桶说："提起来。"女儿提了起来。

爸爸舀了一瓢水，倒入桶里，说："再提起来。"

女儿又提了起来。

爸爸又加入一些，说："现在提起来。"

女儿试了试，提不动！

爸爸说："等你长大了，就能提起来了！人跟动物不同，人有各种能力，有些能力是随着年龄增长自然获得的，比如，长大了就能提起半桶水或一桶水。但有些能力是必须学习且需要努力才能获得的，比如弹钢琴。上学也是这样！学习能够丰富我们的生活，让我们的人生充满多种可能！"

甲、乙两位家长的回答告诉我们，学习能开阔视野、丰富内涵、提高审美、挖掘能力，让孩子在未来拥有更多的选择权。

一个人从无知到学识丰富，从情感匮乏到内心充盈，心中会产生很多疑问，大多都能从书中找到答案，并能从中汲取心智所需的营养。学习虽然不能帮孩子解决所有的问题，却能给他们提供一个好的生活视角。孩子学习的目的不外乎这样几个：

（1）掌握制胜的武器。仔细观察你会发现，最近几年，小学、初中毕业当老板的人越来越少了。而知名企业的掌舵人大多是才华横溢的大学毕业生。由此可见，如今的成功人士大多是知识型的。不掌握丰富的知识，不能灵活运用知识，没有强大的学习能力，就很难在商海中存活。

（2）眼界宽广，前途不受限。好好学习，就可能取得好成绩，加入强者的群体。孩子的周围都是强者，他们就会促使自己迅速变强。比如，脸书创始人扎克伯格在哈佛大学本科就读期间就自主创业，舍友克里斯·休斯也跟着他获得了巨大成功，实现了财富自由。

第二章

兴趣是最好的老师

缺乏兴趣，也就没有爱好

如今，很多家长都会有这样的体会：孩子在玩游戏的时候，非常专注，甚至纹丝不动，叫他好几遍，他才能回过神来。可是，只要一提学习，孩子就会像坐在钉子上似的，左扭右扭、东张西望，任何一点点响动，都能让他的注意力发生转移。

兴趣是产生和保持注意力的主要条件，孩子的注意力在一定程度上直接受到兴趣的影响。事实证明，孩子在做自己感兴趣的事情时，注意力会更加集中，专注时间也会更长。

邻居家的男孩上小学时，周女士每天早上上班，都会看到男孩的妈妈送他去上学。男孩见到周女士都是眉开眼笑：“阿姨，早上好！”听到男孩元气满满的声音，周女士都觉得上班特有精神。

男孩上了初中后，不用大人接送了，每天早上周女士依然会看到他。但他的笑容已经不在，总是无精打采的，跟周女士打招呼也是蔫蔫的。开始那段时间，周女士还以为是因为男孩刚升初中，还没从小学适应过来，可是孩子后来已经初三了，依然毫无神采。

这天下午周女士买菜回来，在楼下遇到了男孩的妈妈，问道：“你儿子怎么了？是不是不舒服？怎么感觉上初中后一直都蔫蔫的，不像原来那么活泼了？”

“你也发现了？自从升初中后，孩子就觉得学习费劲儿。小学时候还能按时完成作业，自从上了初中，也不知道是不是科目增多的原因，他每天都很晚睡觉，早上醒不来，学习也没原来积极了。我问过他很多次，他都说对学习没兴趣！”

“没兴趣”，确实是很多孩子学习差的理由。

孩子为什么对学习没兴趣？人类天生有好奇心，但并不怎么擅长思考和解决问题。看到街边聚集了一堆人，都想知道这些人为什么会聚集在这里，好奇他们在干什么。而当选择午饭要吃什么时，通常都会选择熟悉的菜品，因为这样比较省事儿，不费脑子，也不需要思考。

陪孩子写作业时，多数家长都有过这样的经历：孩子遇到一道难题，家长一步一步引导他自己解决，孩子一定会很开心很兴奋，甚至还会将这个问题记得牢牢的。但如果总是遇到这种问题，孩子就会习惯性地放弃，具体表现就是，上课学不会，放弃次数增多，不喜欢学习，只喜欢玩。

记住，孩子对学习没兴趣，会直接影响到他学习成绩的提高。

1. 孩子对学习没兴趣的原因

这个世界上，没人天生就爱学习，同样也没有人天生不爱学习，一定都有原因。那么，究竟是哪些原因让孩子对学习没兴趣呢？

（1）学习适应能力差。孩子对学习的适应能力差，会引起他们的情绪波动，他们会感到紧张、焦虑不安。升入初中或高中后，老师的支配性减弱，主要靠孩子的自主性发挥作用。如果孩子没有将自主性发挥出来，就会造成学习成绩的下降；反之，学习成绩则会上升。如果孩子始终调整不好，成绩无法提高，就会产生巨大的心理压力，认为自己没有成功的能力，继而产生失落感和无力感。有了这种感觉和体验，他们就会陷入“学不会—感觉缺乏能力—失落感—考不好”的恶性循环。

（2）学习负担太重。如今，多数家长都对孩子寄予了极高的期望，非常在意孩子的学习成绩，这无形中就增加了孩子的精神压力。学习能力差的孩子做作业吃力，需要加时加点，如果成绩依然平平，就会产生巨大的思想负担，心事重重。而成绩好些的孩子稍有放松，处理不好学习生活中的问题，也容易在激烈的学习竞争中掉队，产生心理负担。有了心理负担，对学习的兴趣自然就会渐渐降低了。

2. 孩子对学习没兴趣的表现

孩子对学习不感兴趣，通常也会在日常生活中表现出来。

（1）注意力分散。对学习没兴趣的孩子，学习的时候容易分散注意力，如果受到各种因素的干扰，反而会对学习之外的事兴致勃勃，以致喧宾夺主、主次颠倒。

（2）无目标，无计划。对学习不感兴趣的孩子上学只为了给家长一个交代，完全不是出于自愿。无学习目标，无计划。

（3）厌倦、冷漠。对学习没兴趣的孩子，回家后从来都不会主动做作业，即便做，也是草草了事，需要家长的强力督促。

（4）逃避学习。如果孩子对学习不感兴趣，就不愿意上学。即使去了学校，也无心向学，得过且过。

（5）缺乏自尊心、自信心。对学习没兴趣的孩子，一般都不关心自己的学习成绩，成绩差也无所谓。

3. 努力提高孩子对学习的兴趣

要想提高孩子对学习的兴趣，就要从以下几方面进行引导：

（1）将学习带入孩子的喜好。很多孩子都喜欢玩手机，看电脑，玩游戏，而考他一个刚学的知识点，却一点儿也说不出来。孩子只想着玩，学习的内容多数都记不住。要知道，大脑的记忆是经过思考的，因此完全可以寓教于乐，在有趣的情境中引起孩子的兴趣。比如，孩子喜欢看电影，就可以将题目带入电影的角色里，让孩子边看边学。

（2）丰富课外知识。接触新东西时，如果头脑中储存着相关的背景知识，理解起来就会很容易。比如，孩子熟读三国，聚会时如果有人提议玩三国杀，即使孩子之前没玩过，依靠背景知识，也可以很快理解游戏规则。但如果没有读过三国，要记住游戏里的人物关系、理解游戏规则就比较费劲。

（3）设定阶段目标。家长可以给孩子设定多个难度适中的小目标，让他们体会成功的感觉，慢慢重拾信心。当然，适时的夸奖也会给孩子带来自豪感，不要总说孩子什么也不会，要给孩子多些鼓励，帮孩子建立学习的信心。时间长了，孩子就不会排斥学习了。

给孩子时间发展兴趣

家长都爱自己的孩子，但并不是每个家长都懂得欣赏并支持孩子的兴趣，更有甚者，会对孩子的兴趣爱好进行打压。例如，有的孩子很有舞蹈天分，但学习成绩不好，家长就抱怨：“蹦蹦跳跳算什么能耐？”其实，对孩子的兴趣爱好表示支持是情感式沟通的一种好方式；家长带着成见强制孩子终止发展爱好，或强制他学习某种自己并不喜欢的内容，才会关上情感沟通的大门。

李文文是个文静内敛的女孩，上初中二年级，学习成绩在班里一直都名列前茅，但她不喜欢跟同学玩耍和交流，课余时间都是一个人静静地画画。文文的妈妈很强势，觉得文文画画是一时的心血来潮，而且认为将来以画画谋生也不容易，所以一直都很反对她画画，限定她只能周末画画。

某个周一的下午，作业并不多，李文文利用班会时间提前完成了作业，回家后发现爸妈还没下班，就偷偷地拿出画板画了起来。下班回家的妈妈看到这一幕，气愤地说：“作业做完了吗？你忘了规矩了？”

沉浸在画画中的李文文没发觉家里多了个人，突然听到声音，吓得手抖了一下，画中的山水也多了错误的一笔。“作业已经完成了，今天作业少。”李文文低着头，怯怯地说。

这时，爸爸也下班回来，他立刻明白了，于是对妻子说：“你就不能为孩子想想？孩子有兴趣爱好是好事，而且画画真的很好啊，说明我们孩子对美有很好的感知力，我们应该感到高兴！”说完，爸爸又对李文文说：“文文，爸爸知道你很爱画画，但妈妈也是为你好，你明白吗？爸爸会支持你，但你要保证，不能把精力全花在画画上，不能耽误了学习，好吗？”

“嗯，我会好好学习的。”李文文回答爸爸。妻子认识到自己的言语太过火了，向女儿道歉：“妈妈错了，刚才不该责骂你。以后，我也会像你爸一样支持你。”

案例中的李文文就是一名乖乖女，可以料想，平时的她一定是私底下偷偷画画的。也许就是因为妈妈的强势，她才不愿与人交流，喜欢一个人待在屋子里。多么孤独的李文文啊！现实生活中，又有多少孩子像李文文一样，自己的兴趣爱好不被家长理解，得不到家长的支持？尊重孩子的兴趣爱好是家长都应该懂得的道理，这样不仅有利于孩子的健康成长，更能增强亲子之间的情感交流。

每个孩子都有自己感兴趣的东西，有的喜欢画画，有的喜欢唱歌，有的喜欢做手工……兴趣，对于孩子来说，异常宝贵。一旦发现孩子对某方面感兴趣，就要创造条件，让他们的兴趣得到充分发展。

1. 哪些兴趣值得发展？

值得发展的兴趣爱好，一般都有下面几个特点：

（1）健康、高尚、有益的兴趣。根据兴趣对孩子行为的作用，可以将兴趣分为积极兴趣、消极兴趣和无害兴趣。区别兴趣好坏的重要标准就是，是否有利于孩子的成长和发展。比如，孩子本来学习不错，但偶然玩了一次电脑网络游戏，结果上瘾了，一发不可收拾，每天放学都去玩。这样，不仅成绩直线下降，视力也下降了不少。后来，因为玩游戏需要钱，他还去偷窃，最终被抓进了派出所。这种兴趣就是有害的，就不要发展。

（2）与人生规划、职业设计有关联的兴趣。如果孩子的兴趣与他的人生规划、求职等能够结合起来，就可以鼓励孩子多进行训练。例如，孩子喜欢下棋，希望将来可以以下棋为业，就可以将他培养成一名职业棋手。

2. 用科学方法发展孩子的兴趣

（1）利用“人工迁移”来发展兴趣。孩子的兴趣一般都不稳定，随时都可能发生迁移。这种迁移分为自发迁移和人工迁移两种。体现在孩子身上，前者就是今天喜欢这个明天喜欢那个；后者则可以通过家长有意识的教育活动来实现。

（2）发展孩子的间接兴趣。发展孩子的间接兴趣，孩子就能通过活动的结果获得快乐和满足。即使整个活动过程少了乐趣，活动结果依然能带来无穷的快乐，激发孩子更深层的兴趣。

（3）鼓励孩子保持好奇心。在发展孩子的兴趣时，要保护和激发孩子的好奇心，使他们兴趣不减，保持热度。

（4）利用“爱屋及乌”的原理拓展兴趣

为孩子已有的兴趣增加一些新的兴奋点，就能逐渐拓宽孩子的兴趣。

3. 支持对孩子兴趣爱好的培养

（1）家长做好后盾。从某种角度来看，孩子发展兴趣爱好的学习过程，也是家长不断付出的过程。

一是财力准备。现在学习一门兴趣课，价格都不低，就算孩子真的有兴趣，家长若没有财力，仍然无法给孩子提供学习条件和平台。

二是营造氛围。对一门兴趣爱好的学习，除了孩子真正喜欢，还在于氛围的营造。无论是学习前的引导，还是学习中的探讨，都需要有氛围的熏陶。要想让孩子通过耳濡目染取得“润物细无声”的效果，就需要家长的不断学习和提高。

三是要能坚持。任何一门兴趣爱好的学习都要经历一个长期甚至艰苦的过程。无论是刮风下雨，还是寒来暑往，都需要家长的陪伴和接送，虽然孩子已具有一定的独立能力，但家长至少不能先放弃。

四是要有智慧。学习不可能一帆风顺，兴趣的引入，学习过程中的引导、氛围营造，甚至遭遇低谷、跨越障碍等，都需要家长的智慧来及时解决。

（2）不要太过功利。即使是孩子喜欢的，也不能带着功利心让其去学，比如：为了升学、为了获得荣誉、为了得到级别证书，为了站在舞台上获得更多的掌声……这些都不是帮助孩子发展兴趣爱好的理由。就像打球一样，不能仅盯着记分牌，必须要享受打球的乐趣。只要真正打好每一球，分值自然就会增加。在兴趣的驱使下学习和发展，孩子就能发展成一个精神世界丰富、情操高尚的人。

（3）孩子真正喜欢。让孩子学习一门或多门兴趣班，最佳的理由是孩子喜欢。如果还没表现出兴趣倾向，就要让孩子广泛地接触各科内容，为他们的兴趣发现和培养做准备。除了那种最初就表现出“强烈兴趣和天赋”的孩子外，大多数孩子都愿意通过学习来试出兴趣所在，因此，要尽可能多为他们提供这种机会。

无趣的人生很乏味

玩是青少年的天性，但在当下学业的压力下，孩子愁学习，家长愁成绩。这种逼迫式学习使许多孩子都产生了厌恶学习、逃离学校的情绪和冲动。那么，该如何培养孩子的学习兴趣呢？

一位家长曾发出了这样的困惑：

我儿子今年上高一，成绩一直不好，也厌恶学习，晚上回家写作业，按照正常速度，九点就能写完，他却要写到十点甚至十一点。小时候他就对学习不感兴趣，如今已经上了高中，依然对学习提不起兴趣。平时，只要我一提到与学习有关的事，他就厌烦回避。但是，在其他方面他学得倒挺快，例如滑冰。虽然胳膊上摔得青一块紫一块，他依然坚持去学了。为什么就不能将学习滑冰的劲头用在学习上？成绩提不上去，他在同学面前也抬不起头，我该如何引导呢？

孩子在学习别人要求的事情和自己想去做的事情上存在明显反差，这正是兴趣在产生作用。

常言道“兴趣是最好的老师”，青少年的接受能力最强，要从他们的兴趣入手，引导他们学习。如果孩子没有兴趣爱好，家长就要努力挖掘和培养。

培养孩子的学习兴趣，不仅可以降低学习难度，还能让他们享受到成功解答问题后的愉悦。肯定和鼓励能提升自信，激发动力，时间长了，孩子自然就能对学习产生兴趣，自卑感慢慢消失。只要找到孩子的兴趣点，并努力去发展，当孩子发现自己的某一方面比别人做得好时，就会自信很多。

兴趣，很少孩子是天生就有的，多数要经过后天的培养。生活中很多人都有这样的体会：当你去做一件事的时候，只要将这件事做好，就能体会到成就感，就会对这件事情产生兴趣，而兴趣会让你做得更好，这样就能形成一个良性循环。那么，如何在家庭教育中培养孩子的学习兴趣呢？

1. 增强学习快感，培养直接兴趣

学习是一项劳动，要劳动就要付出体力和脑力，是劳动就有辛苦。怎样引导孩子从中感受不到“苦”，体会到无穷的“乐”呢？青少年的学习兴趣，多数都是直接兴趣，完全可以跟孩子进行学习比赛，看看谁先把自己的事情做完，让孩子感受到学习是有趣的……当然，使用这种方法的关键点有两个：

（1）多表扬，少批评。要善于发现孩子的优点。家长开口闭口就是“这么简单都不会，光知道玩”，本是恨铁不成钢，却使“好钢”在批评中被钝化了，时间长了，孩子就会觉得自己很差，感到学习很压抑，继而厌恶学习。如果孩子确实做错了，确实要给予批评，但要让孩子明白大人为什么要批评他。

（2）让孩子从一开始就享受到成功的体验。要尽可能让孩子掌握知识，既能增强孩子的自信心，又能让他体会到学习的快乐，为进一步学习奠定基础。

2. 利用孩子的好奇心，培养学习兴趣

孩子一般都好奇心重，喜欢提问，家长应充分利用这些特点来激发孩子的学习兴趣。比如，看到孩子在拆闹钟或者在网络上查找资料，不要觉得孩子淘气、捣乱，采取批评、冷淡、不理睬的态度，这会损害孩子调动智慧的积极性，挫伤他们求知的欲望。另外，如果孩子提出了问题，要积极回答，可以跟他一起求知找答案，不能敷衍。青少年的心灵都很敏感，看到家长敷衍自己，以后就不会再问了，这样会挫伤孩子的积极性和好奇心。

3. 创立有利于培养孩子学习兴趣的外部环境

只有肥沃的土壤才能长出好庄稼，只有良好的家庭环境才可能培养出智力水平高、聪明活泼的孩子。因此，家长要以身作则，热爱学习。家长是孩子的第一任老师，身教重于言教。如果一边督促孩子努力学习，另一边自己却通宵达旦地玩手机，孩子感兴趣的恐怕就不是学习，而是玩手机了；学习的恐怕不是科学知识，而是玩手机的窍门了。闲来无事的时候，捧一本书，倒一杯清茶，或端坐书桌前，或伏案写作，潜移默化中，孩子也会喜欢上读书和学习。

4. 明确学习目的，间接培养孩子的学习兴趣

学习目的的教育应该与孩子的思想和实际情况联系起来，要对孩子耐

心地进行正面教育，通过生动形象、富有感染力的事例，采用多种形式，把学习目的与生活目的联系起来讲解。如果孩子能够在规定的时间内完成某项作业，并且家长能给予适当的奖励，也是拉近孩子和家长距离的好方式。

读书真是一件有趣的事情

有这样一个故事：

有个人非常喜欢读书，富翁朋友就与他打赌，请他住进自己的庄园，一个人独守书房，不能离开，一日三餐给他从窗口送进去，时间为一年。只要他能坚持下来，富翁许诺将庄园送给他。这个人同意了。

半年时间很快过去，富翁朋友心想，那个人一定坚持不住了，于是一副胜券在握的样子。

又过了半年，酷爱读书的这个人如期从书房从容地走了出来，富翁朋友彻底服输，只好履约。可那位读了一整年书的朋友却说，谢谢你让我读了那么多好书。读了这些书后，我明白了很多道理，还要你的庄园干什么？说完，他潇洒地离开了。

听到这个故事，可能很多人都会感到震惊，学习和读书居然有那么大的魔力，不仅能给人带来睿智和思想，还能给人带来巨大的心灵享受。确实，没有哪一种快乐，能像读书带来的快乐那样悠长和持久。

小学阶段，阅读《鲁宾逊漂流记》《海底两万里》等著作，孩子在心理上会获得很多快乐并产生巨大的好奇心。在书中，孩子能认识大海和高山，认识各种各样的人，认识无数个让人心驰神往的地方，知道世界的广袤辽阔。通过阅读，孩子会发现世界的美好和无限，丰富自己的精神境界，感受到读书的快乐。

初中阶段，读书成了孩子生活中的一种高级享受。在草地上、树林里，选一块安静的地方，读一本书，在清新的空气里，在江水拍岸的涛声中，开始美好的一天。

高中阶段，孩子就能跟自己的好友，手捧几本书，交流各自对书的体会和认识。为书中的精彩内容，为自己那些感悟和评论，体味到一种满足感。

读书是惬意的、舒服的、自由的，身心放松地进入学习的状态，就能感受到一种宁静和安详心境。随着读书的深入，有时辛酸，有时激愤，有时痛苦，有时快乐，有时孩子还会不知不觉地喜欢上书中的人物，亦真亦幻、似远似近，不知不觉间，走进了自己情感的密林深处。那么，如何才能让孩子享受学习的乐趣呢？

1. 为孩子营造读书氛围

营造一个良好的读书氛围，就会潜移默化地帮助孩子养成良好的读书习惯，因为家长的引导作用是“润物细无声”的。比如，如果孩子不喜欢读书，家长可以先为孩子做个示范，晚饭后把电视关掉，每人都阅读自己喜欢的书。在读书、看报的过程中，可以把新的信息传达给家人或谈谈自己的认识，经过长久的熏陶，孩子也会慢慢喜欢上读书和看报。

2. 培养孩子的时间观念

要想让孩子爱上学习，就要给孩子限定时间，引导他们专心做事，提高效率。所以，要将学习任务和时间联系起来，让孩子提高学习效率。比如，孩子写作业，要做出时间的规定，让孩子在规定的时间里高质量地完成。如此，就会增强孩子的紧迫感。需要注意的是，要张弛有度，不能事事都限时。比如，吃饭、沐浴，就不能限定时间，该放松的时候就放松，不能为了学习而忽视了生活乐趣。

3. 给孩子灌输责任意识

要想让孩子感受到学习的乐趣，就要让孩子明白，我们之所以要学习，就是为了将来在社会上更好地生存，现在认真学习是对自己的未来负责。滥用“物质刺激”，把孩子完成学习任务与物质奖励联系起来，不利于良好学习习惯的培养。如果孩子只是做了一些分内的事情，就要给出物质奖励，孩子很快就会学会讨价还价，并不会对其起到激励作用。

4. 磨炼孩子的意志

要想让孩子感受学习的乐趣，就要主动磨炼孩子的意志，这一点，可以从练字开始。从学习角度讲，练字是让孩子把字写好，将作业写工整。此外，练字的另一个好处是，可以磨炼孩子的意志，让孩子能够平静下来。具体做法是，写作业之前，让他们把手洗净，将书桌上的东西清理干净，端端正正，一笔一画地写上 20 分钟。日子长了，孩子的忍耐力就会有所提升。

“瘸腿走路”的滋味真难受

提到偏科，大家都比较熟悉，在学习文化课的过程中，有些孩子某一门或几门功课成绩都特别好，剩下的几门功课成绩却较差，这种情况就是偏科。

有薄弱科目，是青少年在学习过程中普遍存在的现象，也是让家长感到最头疼的问题。为了查漏补缺，家长给孩子报了各种课外班补习，进行各种督促指导，却依然看不到改善。其实，每个青少年的个性特点都不同，学习环境也不同，学习方法不同，因而产生偏科的原因各不相同。只有对症下药，才能治标治本。

青少年特定的心理、生理需求，课程的加重，再加上家长、媒体和书籍等的影响，都会使孩子对某一学科产生偏好或厌倦的心理，进而逐渐偏科。

有的孩子喜欢阅读，语言能力较强，对语文情有独钟；有的孩子头脑反应迅速，理科问题解决起来轻松自如，对需要大量背诵、书写的文科内容则没有兴趣；有的孩子不喜欢某个任课教师，进而影响到听课态度，反映到学习上，就会偏科；再加上中高考指挥棒对学习科目的导向作用，使很多孩子有意偏科或主动偏科。

孩子对某个科目总是学不好，时间长了，就会对该科目产生恐惧心理和排斥心理，成绩也会逐渐下降。

王霞成绩不错，除了物理是“短腿”科目，其余科目的成绩都位于年级前 30 名左右，而物理在年级排第 200 名左右。王霞感到很苦恼，为了解决她的问题，妈妈还专门给她报了物理补习班。补习班的老师通过几节课的辅导，发现王霞的物理学习方法存在严重问题，便立刻跟王霞妈妈做了沟通，为王霞修改了学习计划。在最近一次的月考中，王霞的物理考了 87 分，排入年级前 40 名。

在学习的道路上，很多孩子都会陷入偏科的误区，从开始厌倦某个学科，到慢慢对自己自暴自弃。偏科的问题如果不及时纠正，找不到正确的方法，不仅会影响一科的成绩，还可能影响所有科目！

孩子偏科的原因有很多种，但是主要的有两种：一个是先天因素，另一个是后天因素。

先天个体差异是客观存在的，升入中学后，这种差异会直接反映到文化课程的学习上，也会更加明显。孩子的注意力一般都偏向于感兴趣、成绩高的科目，各科成绩就会严重失衡，强的科目更强，弱的科目则更弱。

当然，后天因素对偏科的影响更大。比如，家长对知识结构的偏颇认识容易“传染”给孩子，觉得偏科不是缺陷，大力扶持强项，避短扬长，希望培养一个专才、奇才。

青少年时期是学习打基础的重要阶段。中学课程都是基础课，基础牢不牢，就要看孩子对各科知识掌握得好不好。只要有一科掌握不牢，知识这座大楼将来就有可能会歪斜，甚至垮塌。

心理学认为：青少年时代是一个人从外界获取知识的阶段，这个阶段的孩子对外界的一切都感兴趣，想探个究竟。只有积极地广闻博览，发展多方面的兴趣和爱好，才能给大脑施足“基肥”，在兼收并蓄中建立良好的智力背景和宽阔的思维空间，为以后主攻某专业和学术创造打下坚实基础。所以，孩子偏科不仅阻碍升学考试，还会阻碍他的智力和思维的发展，不利于学习能力的提高。

1. 偏科的危害

（1）偏科会降低孩子的学习自信心。如果孩子的某一门科目总学不好，特别是经过一段时间的补习，还是没有效果，如果家长不及时给予孩子正确的引导，孩子就会认为自己没有学习这一门科目的天赋，时间长了，对该科目的学习兴趣就会渐渐变淡，甚至彻底失去兴趣，进而产生恐惧和排斥心理。

（2）偏科会影响其他学科。孩子出现了偏科，家长如果不及时地对孩子进行引导，可能会让孩子对该科目产生烦躁和厌倦情绪，慢慢就会出现厌学情绪，进而影响到对其他学科的学习兴趣和学习耐心。各年级各科目之间的知识是相互联系的，一旦出现“瘸腿”现象，就会影响其他学科的学习。比如，语文成绩不好，阅读理解能力不佳，就会影响政治、历史等科目试题的分析和判别。如果孩子初一时就出现偏科，家长不重视甚至不管不问，等到初二、初三，该科目成绩不仅会越来越低，学习兴趣也会慢慢淡化，继而影响到其他科目的学习。

（3）偏科会影响中高考。初中时期，如果孩子出现偏科，特别是重要科目偏科，后果是很难想象的。比如，孩子物理成绩不错，可以考到90分甚至100分，但英语很差，只能考到40多分，中考的时候就很难考进好高中，甚至根本就考不上高中。高考同样如此，偏科可能会让孩子失去进入重点大学的机会。

2. 解决偏科的方法

“木桶效应”告诉我们，只要出现一块短板，就足以让所有的努力付诸东流。家长帮孩子纠正偏科，责无旁贷。那么，具体该怎么帮助孩子，让其各科目均衡发展呢？事实证明，80%的孩子偏科，可以这样解决：

（1）合理安排好学习时间。要引导孩子制订学习时间表，有针对性地查漏补缺，让各科目均衡发展。当然，这里也要把握度的问题。如果一开始便在弱的科目上投入大量时间，孩子必然会感到烦躁与厌倦，甚至对这一科目产生排斥心理。要让孩子按照学习目的制定一份时间表出来，比如，今天只复习某一科的某一个小节，时间最好不要超过半个小时。经过一段时间的执行，孩子对弱科的学习兴趣也会逐渐培养起来。

（2）帮助孩子树立信心。孩子之所以某一科目学不好，多数都是因为从心理上认为自己学不好，从而对这一科产生严重的排斥或恐惧心理。孩子对学习的自信，不仅来源于自己，更在于家长和老师的鼓励。家长一定要告诉孩子，失利并不是什么不好的事，只要用心总结，多方积累经验和教训，肯定能将短板补齐。

（3）不要附和孩子的偏科理由。孩子一般都兴趣大于毅力。如果孩子偏科的原因是“天赋较差”“从小不感兴趣”“基础不好”“讨厌某一个老师”等，家长就不能说“自己有过类似的经历”等话，否则会对孩子造成消极的心理暗示。

（4）帮助孩子夯实基础。先不要急攻难题，要从比较简单的题目入手，将基础打牢。孩子做难题时缺少指导，多半都会演变成浪费孩子的时间，无异于成绩提高，反而会因为学不会这一科目，让孩子更加失去信心。

（5）找出最薄弱点。孩子某一科目学习不好，很多时候是因为其中的一两个点不会，或者没掌握好。这时候，引导孩子将薄弱的环节找出来，集中精力去解决，可能就会豁然开朗。很多孩子只知道自己哪门学科学得不好，并不知道自己为什么学得不好。然而，找到偏科的原因才是重中之重。可能很多孩子会说，没兴趣。但是，没兴趣肯定也有原因，不能忽视，要追问下去，把偏科的真实原因找出来。

（6）让孩子循序渐进地补短板。补齐短板应该从最基本的知识开始，可以让孩子首先按教材章节的顺序做一些基础题；接下来，利用以往考试的试卷制作“错题本”，将常见的错误题型集中起来，反复研究；最后，选择难度适中的题目来做。

第三章

确立目标，利用知识改变命运

心存梦想，学习才有动力

对于青少年来说，梦想就是黑暗生活中的一道光亮，是茫茫大海中的一种指引。只要心存梦想和信念，就能不顾一切地朝着它狂奔而去。当孩子为自己的梦想而努力时，就能充满力量，能提高学习的主动性。比如，《月亮和六便士》的主人公查尔斯·思特里克兰德就是最好的见证。

从世俗意义上来说，查尔斯是一位非常成功的证券经纪人，但在40岁那年，他竟然舍弃自己的身份、地位、金钱，抛弃贤惠的妻子和可爱的孩子，去巴黎追求自己的画画理想。人们都表示质疑，只有他依然坚决追求自己的梦想。

追梦的道路非常艰辛，少了收入的查尔斯，穷困潦倒，贫病交加，几次差点死去，但他一直如痴如醉地坚持画画。最终，他在孤岛——塔希提岛找到了“归宿”，创作了许多传世之作，为后人惊叹。

查尔斯虽然颠沛流离，受尽众多的冷遇和苦难，却不枉此生，将生活活成了梦想中的样子，找到了人生的真谛，得到了他想要的——他曾心心念念的月亮。很多家长只会羡慕别人家孩子的成功，并以此来激励自家孩子，却不鼓励自己的孩子去追求梦想，孩子也就只能过着仰望月亮而甘于平凡的生活了。

殊不知，只有孩子在心中怀有梦想，才能过得开心，才能让自己拥有坚持下去的原动力。

人和动物最主要的区别就在于，人有理想，动物没有理想。远大的理想能够为人生励志和导航，是激励人成长、追求成功的重要内在动力。

理想应该是前进的希望，是动力，如果教育孩子，仅仅是让他乖乖听话、完成好老师布置的作业，而不告诉他为什么要读书，孩子就会觉得那只是家长的督促，从而忽视理想的树立，时间长了，孩子就会对学习产生懈怠。那么，家长该如何帮助孩子树立远大理想呢？

1. 学习态度要专一

无论做什么事情，都要专一，因为只有专一，才能将主要精力集中在自己所做的事情上，不受其他事情的干扰，不会受到诱惑。在教育孩子树立远大理想的时候，一定要教育孩子态度专一，在学习中集中精力，心无旁骛。让孩子集中注意力，不能一边玩游戏一边写作业。同时，教育他们遇到困难也不要退缩。孩子的内心非常单纯和脆弱，遇到困难的时候，他们只会向家长寻求帮助，或者直接放弃，长此以往，就会导致他们在困难面前退缩。所以，要教导孩子树立远大理想，就要在日常生活中告诉孩子：困难并不可怕，只要认真面对，总有办法能解决。

2. 做到知行合一

相信有一种情况在每个人身上都发生过，那就是很多道理我们都懂，但做不到，执行力非常差。做不到知行合一，理想也就只能是理想，不能变为现实。任何理想的实现都需要自己的努力，只有不断地挑战自己，提升自己，理想才能变成现实。培养孩子的时候，家长要让孩子明白知行合一的道理，为孩子创造条件，让他们多学习，利用知识来充实自己，为自己实现理想打下坚实的基础。

3. 坚定实现理想的信心

任何理想都不容易实现，即使成年人也是如此，何况是孩子？任何理想的实现，都需要信心。事实证明，自信的人往往更容易成功，不信任自己，只能被生活打败，最后一事无成。所以，在让孩子树立远大理想的时候，一定要培养孩子的信心，让孩子成为一个坚强而又自信的人，引导他们更好地应对挫折。

4. 让孩子敢于追逐理想

即使前面三点孩子都做到了，如果没有追逐理想的勇气，也是不行的。“追逐”两个字，意味着付出代价。任何事情都不能轻易做到，只有敢于追逐，不停下追逐的脚步，才会成功。所以，一定要让孩子鼓起追逐理想的勇气，朝着目标不停地奔跑。

有大格局，怀大志气

大格局决定着事情发展的方向，掌控了大格局，也就掌控了局势。如果孩子是追求一个具体的、很小的事情，得不到，就会很生气；如果想要的东西很大、很远，就能多一些理解和包容，更能够承受痛苦。这是一个正循环。

刘邦和项羽，从军事领导力上看，项羽远胜刘邦。巨鹿之战，破釜沉舟是何等气概！

从兵力配置上看，项羽手下有很多强将，整体实力优于刘邦；

从智囊团上看，刘邦有张良，项羽有范增，不分伯仲。

为什么最后自刎乌江的不是刘邦，而是项羽呢？因为刘邦曾说过："我文不过萧何、治国不如张良、行军布阵不如韩信，但三人皆为我所用。"而项羽仅是一个名义上的"西楚霸王"，就惹得众叛亲离、倒戈相向。项羽做事总喜欢以自我为中心，刚愎自用，范增多次进谏，依然在鸿门宴上放走了刘邦；最严重的是，他还坑杀了缴械投降的三十万秦军，葬送了自己的威信和声誉。

格局不同，结果自然不同。成年人需要目光远大、心胸宽广才能高瞻远瞩、运筹帷幄，青少年同样如此。

所谓格局，就是指一个人的眼光、胸襟、胆识等心理要素的内在布局。一个人的发展之所以会受限，多半都是因为格局太小，为其所限。谋大事者必须布大局，对于人生这盘棋来说，首先要学习的不是技巧，而是布局。以大视角切入人生，才能站得更高、看得更远、做得更大。

格局是一种眼界，是一种大情怀。海纳百川，有容乃大。家长的格局不仅会影响自己，也会影响下一代。想想看，自己在孩子面前是一个什么样的人？为了帮助他人、改善世界，你做过什么？对知识有多少好奇心？依然在努力学习吗？自己是思想独立，还是喜欢随大溜？犯了错误，敢于承认吗？

记住，家长只有不断提升自己，扩大格局，才能养出一个大格局的孩子。

（1）培养孩子的使命感。如今，很多孩子都觉得自己“活得没意思”，觉得做任何事都“没意思”，其实是找不到人生的意义。把养育孩子的目的定为考高分、读名校、挣大钱、往自己脸上贴金，孩子的学习动力也只能停留在这个层面，这也是很多孩子不愿意努力的原因。孩子的思想一般都比较成熟，已经有了自己的判断力，家长抱着改变世界、贡献世界的格局来养育孩子，不仅世界会变得更美好，孩子也会变得更优秀、更强大。

（2）让孩子学习吃亏。吃不了小亏，也就成不了大器。吃亏不代表软弱，而是代表不计较，因为我们有更高的价值追求。孩子跟孩子发生了小摩擦，都是很正常的事。家长很生气，觉得孩子受了委屈，急着去找对方理论，或者私下教导孩子，别人打你，你要学会还手，做个男子汉！久而久之，孩子的性格中就会多了睚眦必报的习性，变得心胸狭窄。让孩子多些担当，懂得吃亏，才能结交到更多的朋友，因为有舍才有得。

（3）家长首先要大气。比如，一家人正在吃排骨，别的孩子来找孩子玩，家长就不能说："快把排骨藏起来，一会儿都给你分完了！"这种事情做得多了，孩子身上就会多出小家子气。人生很长，世界很大，斤斤计较的家长培养不出胸襟宽阔的孩子。

要脚踏实地，不要好高骛远

有这样一个故事：

看到其他国家侵扰齐国，齐王很担忧，思索了很长时间，终于想出一个方法。

一天，上朝的时候，齐王郑重其事地对大臣们说："我国正好处于几个强国之间，每年都要搞军务防备。这次我想建一个大工程，彻底解决问题。"

谋臣艾子走上前，问是什么工程。齐王说："我想沿国境线修一道长长的城墙，东起大海，西经太行，连起辕山，接上武关，绵延4000里，同其他强国隔绝开来。"

艾子说："大王，要想完成这个工程，就要抽调大批壮丁，百姓们如何能承受？"

齐王说："百姓确实要吃很多苦头，但是城墙建好后，可以避免战争带来的灾难，谁会不拥护？"

艾子思考片刻，讲起了自己早晨的见闻，他说："今天天降大雪，我在上早朝的途中，看见路旁躺着一个人。他衣不蔽体，冻得瑟瑟发抖，仰着头对着老天唱赞歌。我觉得很奇怪，便问他为什么这样做。他回答说：'这场雪下得真好，明年麦子肯定大丰收。可是，明年对我来说太遥远了，我马上就要冻死了！这场雪对我来说，只是灾难。'"

艾子紧接着对齐王说："大王，臣认为老百姓眼下生活得朝不保夕，谁还会奢望将来的福气？老百姓还来不及享受，就为修城墙牺牲了。将来的一劳永逸又有什么用呢？"

齐王无言以对。

只想到将来，忽视了现在，是一种本末倒置的做法。想问题、做计划，一定要从实际出发，既要考虑将来，也要顾及当前，统筹兼顾，才能做到切实可行。否则，即使计划再美好，也只能是一种幻想。

从小，我们都被灌输一种观点——长远利益高于眼前利益，为了最终目标，可以不计现在的得失。其实，长远的东西具有不确定性，事情总在不断的发展变化中，只看到遥远的地方，而看不到脚下的石子，往往会被石子绊倒。所以，当家长要求孩子抬头看远方时，不要忘了让他们看看脚下是否安全。

同样，目标定得太高，也会给孩子带来巨大的心理压力。目标定得过高，超出了孩子的能力，孩子不断努力，不断失败，久而久之，就会对自己丧失信心，甚至产生一些心理疾病。比如，一到考试，有的孩子就觉得心情沉重，压力巨大，担心自己考不好，甚至会晕倒在考场。有的孩子因为总是达不到家长制定的目标，只能"破罐子破摔"，以至内心抑郁甚至逆反，总是跟家长对着干。

为了提高孩子的学习效率，培养孩子的学习兴趣，让孩子养成良好的学习习惯，就要引导孩子有目标地学习，养成自主学习的良好习惯。

1. 给孩子肯定和鼓励

在孩子实现目标的过程中，家长要以欣赏的眼光来看待，多从中发现优点，给予肯定，激励孩子更加努力地去实现目标。这种学习是发自内心的，每攻克一个学习目标，孩子就会产生成功的感觉，这种感觉会激励他们朝着新目标继续努力。当孩子学会确立学习目标并努力达到时，孩子的内心就是愉悦的。

2. 回顾与更新目标

每个目标的实现，总会伴随着成功的体验，增强孩子的自信，激励他去实现下一个更大的目标。但在实现目标的过程中，也会发生一些问题，比如，发现阶段性目标定得过高、过低或偏离总目标等。所以，在实现目标的过程中，一定要不断地回顾和总结，及时调整目标。

3. 明确知识点

引导孩子整理出某一课程的知识点，画出“知识树”，比如，交谈的话题可以是“你觉得学语文要掌握哪方面的知识”，然后一起画棵知识树，枝条上有生词、多音字、优美的词语、段落、中心思想、对语句的理解等。

4. 目标要定得切合实际

如果孩子成绩不错，学习目标应该侧重保持在一定水平；如果孩子学习成绩较差，就要侧重考虑进步的情况。定得太高，容易失败，会伤害了孩子的心灵，影响孩子追求目标的积极性和热情。所以，目标应该定得切合实际。

5. 大目标和小目标相结合

制定了目标后，要努力实现一个个阶段目标，例如，让孩子选择以掌握某单元的知识点作为某段时间的小目标，并在纸条上用简洁的文字写下目标，贴到显眼的位置，让孩子经常看到，一目了然。

6. 提醒和督促孩子

确立学习目标后，要让孩子把它以目标书的形式写出来，一式两份，一份放在家中学习的地方，一份放在家长那里，用来提醒和督促孩子及家长。

明确自己想成为怎样的人

有句话说："你想成为什么样的人，就能成为什么样的人。"不管在任何时候，都要用这句话来鼓励自己。最终，你会发现，自己真的会成为当初想成为的那个人。因此，一定要告诉孩子：你梦想成为什么样的人，就能成为什么样的人。明确了目标后，孩子就会在心里产生坚定的信念，不断地激励自己朝着目标前进。

有一个老师曾经让自己的学生写下一张纸条：想象自己10年后会成为什么样的人，并约定10年后，开启这个梦想的瓶子。

10年后的一天，老师打开了这个梦想瓶，并一一联系这些孩子，看看他们是否都成了自己想要成为的样子。

有个孩子是盲人，他的梦想是成为教育部长。老师对他的梦想给予了特别关注，给这个孩子寄了一封信。很快，他就收到了孩子的回信，果然他已经当上了教育部长，他还在信中说道：如果想要成为某个人，一定是自己愿望非常强烈，一定要付出所有的努力才能得到！

的确，有时并不是你想成为谁就能成为谁，但是，它的真正意义在于你对它的信念。只要自己觉得可能，它就会变成可能。如同爱迪生发明灯泡一样，虽然失败了2000多次，但他还是坚持做实验，因为他始终相信“可能”，相信自己能办到。所以，如果想让孩子有所成就，就要让孩子告诉自己会成为什么样的人。确立了这样的信心后，孩子就会冷静、坚定、自信地守护自己的理想，只要相信它，也相信自己，理想就能成为现实。

一位科学家到一所学校做过这样一项研究：

他随意选出一个班级，对几个孩子说：“你们是天才，智商非常高。”然后，又对另外一些孩子说：“你们的智力水平一般。”

15年后，被认为是高智商的孩子果然取得了极高的成就；而被认为智力水平一般的孩子的表现却很普通。

科学家发表言论说，那时候他也只是随便说说，其实孩子们的智力水平基本上都差不多。

仔细分析就可看出，“高智商”的孩子之所以能取得不凡的成就，就是因为受到了科学家的暗示——我是天才。在之后的学习和生活中，他们处处都按照这个标准来要求自己，不断地朝着更好的方向发展，最终成为优秀人才。这就是心理学中著名的“罗森塔尔效应”。

认定自己能成为优秀的人都很自信，敢于冒险接受各种挑战和工作任务。自信的人，无论面对挑战，还是各种挫折时，都能采用有效的手段出色地完成任务。他们对自己的判断和结论信心十足，永远能成为自己期待的样子。

如果孩子是一个自信的人，成功的可能性就会大大增加。当孩子对自己充满自信时，就会干劲十足，工作也会更出色，人际关系也会朝着好的方向发展。

对于孩子来说，相信自己能行，就会成为他们期待的样子。如果孩子对自己缺乏信心，觉得理想太过遥远，不妨让他们从现在开始改变，并让他们记住：你想成为什么样的人，就能成为什么样的人。

第四章

保持专注，有效提升学习效率

全神贯注地投入学习

所谓注意力，就是心理活动集中和指向一定的客体。集中注意力，青少年就能看得更清楚、认识得更完善。

升入中学后，科目会增加，作业也会随之增多。有些孩子做作业的时候，会一边写作业，一边吃零食，注意力不集中，这样不但学习效率低，也无法提高作业质量。因此，家长要及时帮孩子纠正，尽量让孩子培养专注力。

只有全神贯注，提高效率，才能在同样的时间内完成比别人多的作业，才能取得更好的成绩。只有全身心投入，才能在学习中做到一心一意，不受外界因素的干扰。那么，如何才能让孩子做到这一点呢?

1. 运用积极目标的力量

事实证明，只要设定一个自觉提高注意力和专注能力的目标，人在非常短的时间内，就能更快地集中注意力。不论做任何事情，一旦开始，就要让孩子提高不受干扰的能力。比如，将目标确定为“从现在开始我比过去更善于集中注意力”。可以让孩子在注意力高度集中的情况下，将某段课文背下来。确定了这一目标，孩子就能高度集中注意力，就会排除干扰。在军事上，如果把兵力漫无目的地分散开，就会被敌人逐个围歼，只能失败。孩子的学习同样如此。精力漫无目标地散漫一片，是无法取得好成绩的。

2. 要有能够专心的自信

千万不要让孩子受自己和他人的负面暗示。在很多场合都能听到家长的声音：我的孩子上课时精力不集中。听的次数多了，孩子就会觉得自己可能就是这样。不要这样对孩子说话，因为这种状态可以改变。如果孩子对自己有自信心，就能掌握专心这种方法，具备这种素质。我们都是正常人、健康人，我们下定决心，不受干扰，排除干扰，肯定可以做到注意力高度集中。

3. 处理好学习与休息的关系

千万不要让孩子这样学习：从早晨开始一整天都在复习功课，书一直在手边，但效率很低；孩子一会儿干这个，一会儿干那个。12 个小时很快过去，孩子既没休息好，也没玩好，学习更没成效。从现在开始，让孩子尝试集中 1 小时的精力，比如背诵 20 个英语单词，尝试把这些单词记下来。1 小时后，再休息和玩耍。需要再次进入学习状态时，又能高度集中注意力。这叫张弛有道。

4. 空间清静

在家里复习功课或学习时，要将书桌上与学习无关的物品全部清走。在孩子的视野中，只留现在要学习的科目。这种空间上的处理，是训练孩子注意力集中的一个必要手段。如果能够做到在 1 分钟之内抛弃杂念，进入主题，就非常了不起；如果在半分钟之内就能进入主题，就更加了不起；

如果一坐在那里，当下就进入主题，那就是天才，那就是效率。

5. 清理大脑

收拾书桌是为了通过清理视线所及的杂物来集中孩子的注意力，同时也可以清理自己的大脑。孩子经常收拾书桌，慢慢地就会形成一个形象模拟，觉得自己的大脑也像书桌一样。大脑是一个仓库，里面堆放着很多东西，要让孩子心头想起的无关情绪、思绪和信息都被舍掉，在大脑中只留下现在要学习的科目，就像收拾桌子一样。

6. 排除内心的干扰

课堂上孩子都坐得很端正，但是，孩子的内心可能有一些骚动，干扰着自己的情绪，产生了与学习不相关的兴奋心理。对这些情绪活动，要让孩子将它们放下来，予以排除。要让孩子将身体坐端正，将身体放松下来，将整个面部表情放松下来，将内心各种情绪的干扰随同身体的放松都放到一边。

7. 培养专心的心理素质

在休息和玩耍中可以轻松自在，但一旦开始做一件事情，就要让孩子迅速集中注意力。军事上，集中兵力要战胜各种空间、地理、时间的困难，要战胜疲劳，要调动方方面面的因素，需要采用各种集中兵力的具体手段，同样，集中注意力，也需要掌握各种方法。

8. 善于排除外界干扰

一位古人为了训练自己集中注意力的能力，曾给自己立下这样一个训练科目：到城门洞里、车水马龙之处读书。这样做就是为了训练自己的抗干扰能力。

秩序井然地安排学习

时间对每个人都是公平的，但即使是同样的时间，用在不同人的身上，产生的价值也会千差万别。青少年不知道如何合理安排时间，学习效率就会很低，时间长了，就会产生抱怨，继而产生习惯性的无助心理，认为自己没有能力，不是学习的料。懂得合理利用时间，在有限的时间里得到最大的收获，是成绩优秀学生取胜的关键。

2018年周一鸣在高考中取得700分的好成绩，被清华大学录取。在给学弟学妹们介绍学习经验时，他说："如果状态好、觉得晚一点不会影响第二天学习，我就会睡晚一点多做些题；但如果很疲劳，我回家就不带书，直接洗漱后上床睡觉。"

通过这段话可以发现，要想提高成绩，就要用精力最饱满的状态做最高效的学习。周一鸣之所以能取得这样的好成绩，就是因为合理地利用和安排了自己的时间。

青少年能够管理的只有自己。高效学习离不开对时间的合理安排，俗话说："凡事预则立，不预则废。"如果孩子对学习时间和内容缺乏正确安排，他的学习状态就是暂时性的，时断时续，必然会影响学习效果。

要想提高学习的专注力，就要让孩子合理、有效地安排时间，建议做到以下几点：

（1）合理规划好在校的学习时间。在学校上课，就要围绕老师的安排学习，利用好上课时间。在学校，孩子大部分时间都是在上课，要让孩子在课堂上认真听课、记笔记，把老师讲的都消化掉。即使有些不能及时消化，也要及时记下来，下课后再去向老师或同学请教。如果孩子在校时间不好好听课，积累的问题越来越多，就会跟不上班级的学习节奏，继而形成恶性循环，从而对学习失去兴趣。所以，一定要让孩子把握好上课时间，好好利用课堂，珍惜老师的教学。

（2）不要忽视孩子在家的学习时间。课外，要让孩子做好时间安排。首先，完成老师当天布置的任务。老师布置的学习任务都有一定的计划性，是对当天新知识的强化和巩固。一定要督促孩子认真完成，坚持做到"今日事，今日毕"，不能犯拖延症。其次，抽时间预习一下第二天的课程。要让孩子学会预习，对第二天的新课做到胸中有数。第二天再带着问题去听课，学习效率就能大大提高。最后，孩子如果还有时间，可以让他看看课外书，看看电视新闻。

（3）寒暑假中也要做好时间安排。寒暑假时间比较长，不仅要让孩子按时完成老师布置的任务，还要让他制订自己的计划安排，比如：阅读几本自己感兴趣的课外书；坚持写日记；对自己的所做所学进行分析，看看有何收获，有何欠缺。

向上课45分钟要质量

对于青少年来说，听课是获取知识、发展智力的主要途径，也是培养良好的学习习惯、掌握正确学习方法的重要桥梁。从一定意义上来说，孩子学习质量的高低主要取决于课堂听课效率的高低。因此，要想让孩子提高听课效率，就要让他们做好各种准备，将心、眼、耳、手、脑、口、笔等充分调动起来。

1. 课前准备

课前做好各种准备，是提高听课效率的前提。

（1）体力准备。不仅要让孩子积极参加体育锻炼，还要合理安排好休息时间，保证每天 8 小时的睡眠，并做到早睡早起。夏天要适当午睡，但时间不宜过长，半小时左右即可；课间，要到教室外呼吸新鲜空气，做些适当的活动。

（2）心理准备。听课不能带着情绪，不能凭对老师印象的好坏，更不能凭对某学科有没有兴趣去听。无论哪一科、哪一位老师讲课，都要让孩子认真听。不同的老师对不同的学科有着不同的教学方法，要让孩子摸清老师的教学特点，然后去适应。

（3）知识准备。新知识都是在旧知识的基础上逐步增加的。实践证明，青少年可以从旧知识的复习中得到新知识。所以，要想让孩子学好新课，不仅要复习好旧课，还要预习好新课。带着问题去听课，效率就会更高。

（4）用品准备。上课前，必须准备好课本、练习本、笔记本和文具，有时还要准备好模型。要是等老师走进教室了才找这找那，不仅会浪费宝贵时间，还会打乱听课思路。

2. 专心听

（1）听老师讲。要让孩子带着以下目的去听课：老师是怎样讲清新旧知识的联系的；老师是怎样分析课文，怎样讲解要领、定律、法则、公式、推导及应用的；老师是怎样讲解重点、难点内容的；老师是怎样做总结的。

（2）听同学讲。要带着以下目的去听同学讲：同学是怎样回答老师提问的，哪些答对了，哪些答错了、应怎样纠正；同学是怎样提出问题的，这些问题自己解决了没有。

3. 仔细看

要让孩子通过仔细观察，发现问题，提出问题，解决问题。

（1）看老师的板书，看同学的板演。板书上陈列着一节课的主要内容，重点、难点的推导过程和最后结论。因此，要让孩子仔细看老师的板书，必要时还要记下来；如果内容较多时，要加快看的速度，以免被老师擦掉。课堂上还要注意同学在黑板上的解题板演，看看他们的解题步骤、方法、结果是否跟自己的一样。

（2）看老师或同学画图与演示。有些难题，只要经过老师画辅助线、画草图或用教具演示一下，就会变得简单很多了。因此，要让孩子仔细看看老师是怎样画图和演示的。对其他同学的画图与演示，也应认真观察。

（3）看课文中关键的词句和段落。老师讲解课文中的字、词、句或段落时，要让孩子一边听讲，一边思考。

4. 善于想

如果孩子不善于思考，即使老师讲得再好，也难有效果。因此，不仅要让孩子积极地想，还要让他善于想。

（1）边听边积极思考。对于老师提出的问题和精心设计的板书，要让孩子跟同学积极开展讨论，开动脑筋思考，从而培养其积极思考的习惯与能力。

（2）跟着老师的思路走。听课时，要让孩子做到眼、耳、手、口、脑并用，即做到心到、眼到、口到、耳到、手到。同时，要敢于想、善于想，多问几个“为什么”，多想几个“怎么办”。

5. 敢于问

陶行知先生曾说过：“发明千千万，起点是一问。禽兽不如人，过在不会问。智者问得巧，愚者问得笨。人力胜天工，只在每事问。”要鼓励孩子大胆提问，敢于发表见解，敢于暴露自己的问题。只要是经过自己反复思考的，不论正确与否，都要让孩子勇敢地讲出来，请老师和同学们帮助评判。让老师和同学了解自己的疑问，听听他们的思路和见解。

6. 勤于解

之所以要学习，就是为了解决问题。对于课堂所学的新知识，解题既是一种检验，也是巩固学习的需要。特别是数学课，如果只学法则概念，不进行习题演算，则无异于纸上谈兵。因此，课堂上教师安排的一些练习题或小测验，要让孩子认真对待，认真解答每一个题目。

7. 重点记

适当地做笔记，有利于理解和记忆所学知识，促进积极思考，增强听课效果。那么，课堂上应记些什么呢？

（1）重要内容和典型事例。老师所讲的重要内容，如重要的知识点、重要的思考方法、典型的例题、新颖的解法、独到的见解等，应尽可能记下来，从而更好地把握重点、提高学习能力。

（2）知识结构。要让孩子将老师的板书、重要的图解和表解等记下来，便于孩子理解知识间的联系，形成知识网络，从而更好地掌握事物发展规律。

（3）课本上没有的内容。为了更系统、更深入地讲解某个问题，有时候老师会补充一些课本上没有的知识，要让孩子将这些内容记下来。

（4）听课心得体会。如果孩子对某个问题过去不理解，现在突然明白了，并由此产生一些联想，就要让他们记下来，以便提高学习质量。

（5）不懂的问题。将课堂上没有搞明白的问题记下来，课后孩子就能继续思考或请教老师和同学帮助解决了。

平衡学与玩

如今的青少年被寄托着祖辈、父辈两代人的厚望，承受着父辈们不曾承受过的学习压力。上学时背着沉重的书包，放学后在自己封闭的房间里“一心只读圣贤书”。每天晚上都要学习几个小时，甚至到深夜。可是，在学习之余，很少有人懂得放松，虽然学习的时间很长，学习效果却很差。

事实证明，只有懂得劳逸结合的孩子，才善于调整自己的大脑，才能获得最佳的学习效果。

韩童是个初中生，学习非常刻苦，每天上课都不停地记笔记。午饭后，同学们都出去放松，他却独自在桌上看书本；放学回到家，只要一吃完饭，就开始做作业，直到深夜。看到他每天都有黑眼圈，同学们就给他起了个外号叫“熊猫”。可是，虽然他付出的努力比同学多，成绩却始终排在中游。

中考前期，同学都自觉地增加了学习时间，韩童学习也更努力。每天下午都有一节体育活动课，韩童从不出去玩，即使别人都出去了，他也躲在教室里。临近中考前的半个月，天气炎热，外加过度劳累，韩童终于晕倒在了课堂上。好在情况不严重，他在医院里住了一个星期，然后又回到了学校。

其实，学习与锻炼并不矛盾，懂得劳逸结合，反而可以提高学习效率。学习时间持续太长，就会抑制大脑的功能，造成记忆力下降，即使一时记得，也会很快遗忘。

从事某项艰苦、紧张而又繁重的脑力劳动时，大脑皮层就会处于高度兴奋状态，对氧的需求量剧增。长时间的用脑，会使全身血液循环减慢，流经大脑的血量减少，引起暂时性的“脑贫血”，致使大脑疲劳。合理地安排学习、劳动、课间活动和休息时间，能使得大脑各区域和谐活动，提高学习效率。

如果大脑疲劳过度，孩子会表现出情绪躁动、忧虑、怠倦、无聊等心理问题，甚至还会产生厌学、敌对等情绪。因此，如果发现孩子在学习过程中出现了过度紧张的状态，就要引导他们做些其他活动来转移情绪，让他们从紧张的状态中放松下来，保持愉悦的心境，然后再重新回归学习。

劳逸结合，是青少年生理发育和心理发展的客观要求，不能顾此失彼，只用功学习，却不顾身体，反而会耽误了孩子的成长。学得好，玩得也好，才是真正的会学习！

1. 每天至少要确保 8 小时睡眠

升入初中后，很多孩子每天都会熬夜学习到凌晨 1 点多，睡眠不足 5 个小时，课堂又不想打瞌睡，只得强打精神。学习会源源不断地消耗能量、精力（脑力）和体力，消耗到一定程度，就需要通过睡眠、饮食、休闲、锻炼来补充。当孩子的精力消耗到一定程度、身体已经发出信号需要休整时，就要让孩子立刻放下学习，休息一会儿。适度睡眠不仅能使孩子彻底地放松下来，同时还是补充精力、恢复体力的大休整方式，让孩子的身体得到自然调节。睡眠充足了，精力、体力就会充沛，学习效率就提高了。

2. 每天至少要锻炼 1 个小时

对于青少年来说，只有身体健康、精力旺盛，才能学习好、生活好，如果孩子是个病秧子或精神萎靡不振，怎能学习好？如今，只要一谈到锻炼，很多孩子都不当一回事，体育课能逃则逃，能请假则请假，能有空隙钻进教室就坚决不去晨练。结果，近视眼的学生越来越多，体质也越来越差。有的孩子甚至还出现了耳鸣、头昏、失眠、消化不良、神经衰弱等症状。

3. 每天要有适度的休闲娱乐

有些孩子在休闲娱乐方面不懂得节制，如无休止地看电视，沉迷网游，跟同学聊天、玩起来就没点，导致精力分散、浪费时间、消磨斗志，从而严重地影响到学习。这一现象在中学生中间非常普遍。首先是学生不懂得把时间用到最有价值的地方。其次是没有分清主次关系，中学生应以学习为主，休闲娱乐只是起辅助作用，是为了缓解疲劳，以便更好地学习。不能让孩子打着劳逸结合的幌子，无休止地放松自己。选择休闲娱乐方式时不仅要结合自身的习惯特点，还要考虑当时所处的场所，尽量不要影响他人。

有效提升专注力

注意力是做好一切事情的基础，只有集中注意力，才能在学习中取得好的成绩。但是，在现实生活和学习中，很多孩子都无法集中注意力，甚至有些孩子越想学习，越无法集中注意力。如何才能改变这种状况呢?

1. 集中注意力的方法

（1）了解注意力不集中、分心的原因。要想让孩子提高注意力，就要让孩子在平时的学习中多留意，一旦出现注意力不集中或分心的情况，就要做好记录，比如：你是在什么地方分心的、是什么引起了你的注意力不集中、是因为什么事情分心了、分心的时间大致有多长。进行一段时间的观察和记录后，孩子就能知道影响自己注意力的因素是什么了，从而进行改进。

（2）进行冥想练习。冥想的好处之一就是，保持注意力的集中。冥想可以增强孩子的感知力和心无旁骛的能力，冥想的时候，孩子就会将注意力集中在自己身上。可以让孩子拿出一定的时间进行冥想，20 分钟或半个小时左右即可。

（3）确保充足的睡眠。充足的睡眠可以让孩子的大脑充满活力，更容易将精力集中在学习上。所以，要让孩子尽量利用白天的时间来学习，提高学习效率，不要贪黑熬夜，到了该睡觉的时间就好好睡觉。

2. 集中注意力的技巧

（1）如果孩子集中注意力受到具体小事的影响，就要立刻将这种小事解决。比如，如果孩子感到很困，就让他起身动一下、洗把脸或泡杯咖啡；如果孩子饿了，就让孩子立刻去吃一点。

（2）多种动作协调起来。让孩子将手、眼、耳等全部调动起来，就能抑制疲劳，集中注意力，增强记忆能力。比如，要想提高听课效率，就要让孩子边听边做笔记。

（3）适时休息一下。不管作业是否完成，都要让孩子给自己一点时间空闲下来，重新调整，洗把脸或活动一下，再次回去做作业时，反而更容易集中注意力。

（4）环境转换。如果学习环境嘈杂，或者身边有吸引自己注意力的东西，就让孩子换个地方，找个相对安静的场所去学习。

（5）听课时，如果无法集中注意力，就让孩子将视线和听觉都集中在老师的身上，努力把周围的人和环境忽略掉。

第五章

掌握方法，学习也有捷径

做好课堂笔记，课后辅助复习

德国心理学家艾宾浩斯研究发现的遗忘曲线，描述了人类大脑对新事物遗忘的规律。人们可以从遗忘曲线中掌握遗忘规律并加以利用，提升自我记忆能力。

该曲线对人类记忆的认知产生了重大影响，告诉人们：学习中的遗忘是有规律的，遗忘的进程很快，先快后慢。观察曲线，你会发现：学了知识在一天后，如不抓紧复习，只能记住原来的25%。随着时间的推移，遗忘的速度会逐渐减慢，遗忘的数量也会相应地减少。

有人做过一个实验：

两组孩子一起学习一段课文，甲组学生学习后不复习，一天后记忆率为36%，一周后只能记住13%。乙组学生按艾宾浩斯记忆规律复习，一天后保持记忆为98%，一周后保持86%。乙组学生的记忆率明显高于甲组。

那么，根据艾宾浩斯的遗忘曲线，如何在日常生活和学习中更好地提高孩子的记忆能力呢？

明确复习的三个目的：

（1）温故而知新。复习可以使学过的知识得到巩固，还能获得新的认识和体会。孩子在平时的学习中，会有许多地方还似懂非懂，甚至重要的内容被忽视，通过复习，孩子就能注意到被忽略的地方，对理解不准确的地方进行深入理解，原来模糊的概念也会渐渐清晰。

（2）新旧知识连接。有助于把握新旧知识的内在联系，在头脑中逐渐形成知识网络结构。新旧知识之间本没有鸿沟，但由于学习是分阶层、分层次、递进式的，才会让人觉得新旧知识之间好像隔了一堵墙。因此，经过多次复习，掌握好旧知识，学习吸收知识的能力才能提高，新旧知识才能连成一体。

（3）知识的归纳总结。通过归纳总结，就能摸索出各章节甚至全册的主旨，去粗取精，掌握知识的精髓，实现学习过程的飞跃和升华。

课后及时复习的三个步骤：

老师上课讲的内容比较多，孩子对刚学到的知识在 20 分钟后只能记住 58.2%，1 个小时后仅能记住 44.2%，一天以后能记住的就只剩下不到 35% 了。而及时复习，可以有效防止遗忘。

第一步：选择合适的时间段进行复习。会学习的孩子，会在课后的两三分钟内，趁热打铁，对上节课刚讲的内容进行总结。这两三分钟的记忆效果胜于之后长时间的复习。复习时文理科不同。例如，文科复习，尤其像语文，老师讲的边缘知识很多，这两三分钟不妨打开课本浏览一遍课文，看看是否还有生字词遗漏；理科复习，用两三分钟再次熟悉一遍公式，做一道题，加深理解，巩固刚才所学的知识。

第二步：明确复习的内容。需要及时回忆复习的内容很多，在回忆时要让孩子将主要精力放在自己比较薄弱的环节，一定要以基础知识为主。例如：回忆今天老师所讲内容与老师的板书，老师提问了哪几个同学，他们是如何回答的，当时自己的思路是怎样的？记不起来的，就是孩子的薄弱环节，就是孩子没有理解或没听懂的内容，这时候就要将这些知识作为重点复习内容，记在归纳本里。

第三步：选择合适的复习方法。首先，回顾知识。要像回忆电影一样，把学过的知识在脑海里"演绎"一遍。比如：今天上午学习了四门课，中午放学的路上，家长可以和孩子讨论一下孩子的薄弱科目，也可以吃午饭时与孩子分享"今天自己最感兴趣的内容"，如此，不仅能让孩子加深记忆，也能加深理解，同时又进行了复习。

此外，也可以通过作业巩固复习内容。记住，没复习一定不做作业。知识是环环相扣的，为了顺利地完成作业，孩子必须提前将当天所学知识点进行整理，做到有备无患、有的放矢。作业是围绕所学知识点布置的，只要孩子做到这些，就能高质量地完成作业。

找准最佳记忆时间

根据青少年的认知发展特点，初中阶段是记忆力发展的最佳时期。

青少年记忆力水平的发展受到个体经验、学习动机、思维发展水平等多种因素的影响。与小学阶段相比，初中生的理解记忆、抽象记忆等能力都有所增强，记忆特点发生了变化。只有采用合适的记忆方式，才能提升他们的记忆效果。

初中阶段，需要记忆的内容增多，随着学习科目的增加，历史、地理、政治等多学科的知识点都需要记忆。

即使是物理这样的理科，也需要将基础知识记牢。否则，记忆花费的时间更多，还容易遗忘。而使用错误的记忆方式，记忆效果就会较差。

所谓“一日之计在于晨”，人们一般都认为早晨的记忆效果最好，所以很多家长都会在一大早就叫孩子起床学习。可是，早晨真的是记忆力最好的时间段吗？

很多年前，人们就已经开始研究一天中不同时间段的记忆力水平差别。1978 年，美国圣杰瑞大学的里塔·邓和肯尼斯·邓两位教授对一天中的记忆力做了比较，根据实验结果将记忆的最佳时段分成了以下四个大类：

（1）早晨记忆力最佳的人，约占30%。这些人在早上一清醒时，就做好了吸收新知识的准备。

（2）下午记忆力最佳的人，约占30%。他们在午饭之后，大脑进入高度活跃期。

（3）晚上记忆力最佳的人，约占30%。他们就是所谓的“夜猫子”。

（4）没有任何时间偏向性的人，约占10%。他们似乎在任何时间都能集中精力。

综合大量的研究发现，多数青少年的最佳记忆时间段不一定是早晨，“夜猫子”们的最佳记忆时间段则是晚上。因此，不考虑个体差异就强迫孩子早起背单词、记公式，不一定是最好、最高效的方式。那么，孩子的最佳记忆时间到底是在什么时候？家长要通过孩子的生活细节了解孩子，然后根据孩子的记忆时间特点来让孩子学习、强化知识记忆。

大脑的记忆有一定的规律，每个人的最佳记忆力时间都不同，但是多数人都集中在这四个时间段里，在教育孩子学习时，家长要充分利用这些时间段：

（1）清晨6：00—7：00。也就是刚刚起床的时候。经过一夜的休息，体内的器官已经将身体的毒素、垃圾清理干净，且这时大脑没有处理过任何信息、记忆过任何知识，记忆力特别好。

（2）上午8：00—10：00。孩子们经过一个晚上的休息，再加上早上进行了轻微的活动，神经的兴奋度得到提高，心脏和其他各个器官也处于最佳状态，正是精力旺盛、大脑活跃的时间段，记忆效率也非常高。

此时，可以让孩子背一些语文课文、英语课文等，等晚上的时候再进行巩固。

（3）傍晚 18：00—20：00。这段时间又被称为记忆的黄金时刻，是记忆用脑和学习能力、精力最旺盛的时候。可以让孩子利用这一时间段进行巩固复习，将上午背诵的课文再背诵一遍，整理一天中所学到的知识。

（4）临睡前 1—2 小时。一天的信息处理到此为止，大脑又开始活跃，此时也能产生很好的记忆效果。这时候，可以让孩子复习、预习一些较难的知识，睡前留下印象，第二天就能更快更好地进入状态。

坚持预习和复习

给孩子们布置当天的作业时，多数老师都会固定两项内容：一个是预习，另一个是复习。如果老师没要求书写下来，很多孩子就会觉得这不是作业。可是，在学习过程中，预习和复习都是非常重要的学习环节。如果在小学阶段，家长没有重视，没有引导好孩子做好预习和复习，等进入更高年级时，孩子的主动学习能力就会稍显薄弱。

那么，预习和复习究竟应该怎么做才最有效呢？

1. 预习

预习有助于孩子正式上课时对知识点进行良好的分析和理解。预习的时候，需要跟孩子强调如下几点：所谓预习，并不只是将课本知识提前学一遍。有意义的预习，是让孩子带着问题进行。比如，新课内容讲的是“周长和面积”，首先就要让孩子梳理一下，看看在过去的学习中对该内容已经知道些什么，自己想要了解什么。此外，要让孩子看看课本上介绍了什么，是不是已经对前面的问题作了解答。如果课本中没有涉及，就要鼓励孩子查询和收集资料。

如此预习，到了课堂上，孩子不仅能够很快投入老师的讲解中，还能有目标、有重点地去听课。

2. 复习

复习，对知识的消化和归纳起到很大的作用。小学阶段的孩子，可能并不知道应该如何复习。孩子升入初中后，科目增多，为了巩固强化知识，就需要复习。这时候，就可以采用面对面交流的方式，让孩子举例来复述所学的知识点。比如，今天学习的主要内容有哪些、核心是什么、让自己感觉困难的是什么、容易出错的是什么地方。具体的复习可以按照以下步骤进行：先按教材分单元看书研究，再系统地复习，并归纳整理，做好笔记。

归纳的内容一般包括：

清楚本单元学过哪些基本概念、基本规律等；

找出知识点之间的联系与区别，并列出知识网络，写成提纲或画出图表等；

找出本单元知识的重点、难点、疑点和热点；

思考本单元还有哪些知识没有掌握或掌握得不牢。

总之，预习和复习是一项十分重要的学习能力，家长要根据孩子的具体情况，有针对性地给他介绍相应的学习方法。

劳逸结合，可持续性发展

任何人都不可能把所有的时间都用于一件事情上，任何孩子也不可能把所有的时间都用于学习上。除了学习，还需要睡眠、吃饭、运动和休闲，这是相辅相成的关系。而现实中，很多青少年都不同程度地在这些方面存在误区，甚至为此吃尽了苦头。那么，如何才能全面地解决这些问题呢？

1. 保持充足的睡眠

有个孩子高中时期非常勤奋，特别崇尚古时候“头悬梁，锥刺股”的苦学精神，每天都会熬灯学到凌晨1点多，长了很多白头发，一天睡眠不足5个小时，只能在课堂上强打精神，有一次竟不知不觉地睡着了，脑袋“咚”的一声砸在课桌上，同桌被吓得发出一声尖叫，全班同学哄堂大笑。

按照人们通常的想法，如此刻苦的孩子学习成绩一定不差。而实际情况是，以前他的成绩还不错，后来是一次不如一次。同桌成绩不错，曾劝过他几次，可是他听不进去。结果，他连普通本科都没有考上。

以这孩子的学习能力和刻苦精神，考个重点大学本不成问题，怎么会落到这步田地？因为他还不知道，学习需要消耗自己的能量、精力（脑力）和体力，消耗到一定程度，就需要通过睡眠、饮食、休闲、锻炼等来补充和恢复。只看到延时学习获得的暂时成绩，却忽视了更重要的一点：适度睡眠不仅能使人彻底放松下来，还能让人从学习状态进入睡眠状态，补充精力、恢复体力，让自己的身心得到自然调节。

睡眠充足，精力、体力就会充沛，学习、工作效率就会提高。而睡眠不足会直接影响第二天的起床时间，破坏学习计划。课堂上，头脑会昏昏沉沉，严重影响听课质量。

精力跟不上，虽然可以通过后期休息恢复，但需要花费更多的时间。如果长时间得不到恢复，还会损伤身心健康，后果会更严重。比如，会导致神经性偏头痛、神经衰弱、消化不良、体质下降等。

到了应该补充和恢复体力的时间，孩子依然强迫自己学习，孩子会感到痛苦，时间长了，会导致厌学。

2. 每天都要锻炼

身体是革命的本钱。对于青少年来说，只有身体健康、精力旺盛，才能学习好、生活好；如果孩子是个病秧子，又怎能学习好？但现实中，一谈到锻炼，很多孩子都不当一回事，体育课能逃则逃，能请假则请假，有空隙钻进教室就坚决不去晨练。因为在很多孩子看来，成绩第一，体育锻炼第二，所有的事情都要给学习腾地方。

体育锻炼，可以让青少年紧张的神经放松下来，起到缓解疲劳的作用。此外，还可以通过活动筋骨，使气血通畅，强身健体。作为家长，不仅要将体育锻炼的好处告诉孩子，还要引导他们喜欢上各种运动。

（1）让孩子充分认识体育锻炼的功效。

（2）让孩子每天至少锻炼 1 小时。可以是早上、下午各 30 分钟；也可以是早上 60 分钟或下午 60 分钟。这一点，完全可以根据孩子的具体情况来确定。

（3）要根据孩子的习惯来选择合适的锻炼方式，只要能达到锻炼身体的目的，什么方式都行。

（4）要鼓励孩子每天坚持锻炼，不能三天打鱼、两天晒网。

3. 每天都要有适度的休闲娱乐

任何休闲活动，一旦过量，都会产生反作用。“玩”确实能让大脑皮层得到暂时的放松，但学习才是中心，必须适可而止，要让孩子在学习过程中牢牢地树立起以学习为主、以休闲娱乐为辅的观念，认识到过度休闲造成的危害。

当然，除了体育锻炼，要让孩子适当地用休闲娱乐的方式进行休整。比如，在家里，听听音乐、看看电视、做些家务；在学校，要鼓励孩子在课间 10 分钟与同学聊天、适当活动。

第六章

勤奋刻苦，一分耕耘一分收获

早起的鸟儿有虫吃

生活中，经常能听到这样的讲话：

“我儿子每天都是到点起床，早 1 分钟都不会起。”

“我女儿定了个闹钟，可是每次闹铃响了，她都会再小睡 5 分钟，现在的孩子怎么这么懒？”

“平时上课也就这样，更别说放假了，每天都要睡到 10 点……”

“周末，我想带着儿子一起去早起锻炼，可人家说要补觉。这么小的年龄就补觉，补到什么时候？”

相信，多数人都喜欢早起的人，不喜欢赖床的人。面对孩子的赖床，家长一般都会表示不满。但在表示不满的同时，更应该将早起的好处告诉孩子。

早起床，并不仅意味着比其他人能多做事，还能很好地反映孩子的健康状况。这里列举了几个早起床的好处。

（1）有助于保持更健康的饮食。很多孩子都会有这样的情况，起晚了担心迟到，就不吃早餐。但不吃早餐却是一件很糟糕的事情，因为孩子的身体需要这些营养来保证一上午的能量和精力。跳过早晨这顿“营养餐”，孩子的身体就会进入饥饿状态；吃午饭时，他们可能会吃得过饱，想吃更多不健康的高热量食物。可见，吃早餐能让孩子养成基本的健康饮食习惯，降低孩子吃垃圾食品的可能性。

（2）养成爱运动的生活习惯。早起的人比晚起的人有更多锻炼的机会，更有活力。研究发现，“夜猫子”往往比早起者更爱久坐，更不爱健身，青少年往往如此。研究发现，晚睡晚起的孩子比早睡早起的孩子更显疲惫和不爱动。通过锻炼，可以为孩子的身体注入“活力”，让他们以愉快的心情迎接一天的挑战。

（3）更好的学习成绩。研究中发现，习惯早起的大学生比晚起的大学生整体学习成绩更好。早起的学生考试成绩明显更高，很大一部分原因在于，早睡早起的孩子睡眠质量更好，可以更好地管理自己的时间。有规律的生物钟可以让孩子在一天的特定时间做特定的事情，这种规律也是影响大脑功能的重要因素。

（4）帮助提高学习效率。在清晨背诵或写作业，干扰就会更少，完全可以利用这段时间来完成最困难的事：规划和决策。经过一夜好觉，大脑已经“充满电”，处于最佳状态、蓄势待发，随时准备工作。刚开始早起可能会感到烦躁，但一旦习惯了，就会有更多的精力去面对每一天。

（5）提高睡眠质量。早起者，一般都有良好的睡眠习惯。为了早醒，必然要早点睡觉。建立适当的“睡眠程序”，改善睡眠质量，有助于形成身体的“生物钟”。因此，虽然周末“补个觉”确实能对孩子有帮助，但从长远来看，反而会对孩子的身体造成更大的伤害。

（6）体验更强大的主动性。很多世界知名成功人士都是早起者，比如李嘉诚、乔布斯，古有康熙、拿破仑。雅虎财经调查数据显示，大多数CEO的共同特点就是早起。道理很简单！早起，就能做更多的事情，更有可能为自己制定长期的人生目标并努力达成。

（7）保持健康的体重。成为“夜猫子”，会增加肥胖的风险。研究发现，晚睡晚起会让我们在一天里存积更多的热量。晚睡的人往往会吃更多的快餐，会增加体重以及得其他相关疾病的风险。而早起，却能让孩子发现一个更美好的世界。

（8）感受更多的幸福和快乐。早起与更积极的感觉有着密切联系。研究表明，早起的人具有更大的“积极性”。早起的人，往往更幸福，对自己的生活更满意、更快乐。

（9）更健康的心理。通过早起，可以减轻生活中的压力，可以对孩子的心理健康产生正面影响。研究表明，早起者往往更积极、更乐观。

业精于勤，荒于嬉

唐代著名诗人韩愈的《进学解》有言：“业精于勤，荒于嬉；行成于思，毁于随。”翻译成白话文就是，学业由于勤奋而专精，由于玩乐而荒废；德行由于独立思考而有所成就，由于因循随俗而败坏。“业精于勤，荒于嬉”，主要讲的是人对于学业的态度。韩愈用自己童年的经验，告诫人们读书学习，一定要勤奋刻苦，专心致志，一旦心有旁骛，沉迷于嬉戏玩乐，就会荒废学业。

宋朝的王安石曾写过著名的《伤仲永》一文，文中提到的“仲永”，便是“业精于勤，荒于嬉”的典型例子。

据说，北宋时期金溪有一个名叫方仲永的神童，5岁时就能出口成章，写出经典绝句，在当地很出名，人们都说他是神童。王安石看过他写的诗篇，也很感慨，不由得竖起了大拇指。

其后几年，王安石一直在外游历，一次偶然回乡，便想见见方仲永。在他的想象中，随着年龄的增长，方仲永定然比小时候更出色，结果当他再次见到这个孩子时，因为后来没有继续学习，现在他已经不会写诗了，沦落成一个普通少年。

由此可见，即使孩子学习能力再强，但如若不勤奋学习和锻炼，也可能荒废。

学习时，主动性差，拖拖拉拉，是很多孩子身上有的毛病，这从家长的抱怨中就可见一斑：

“现在的孩子学习太被动，啥事都需要家长在后面催，从早晨起床开始，到晚上洗脚睡觉！”

“听老师说，我家孩子在课堂上注意力不集中，经常开小差。”

“我家孩子学习一点儿都不专心，回到家就知道打游戏、看电视，学习从来都不认真。”

“也不知道为什么，现在的孩子都特别懒惰，在家做作业，总是磨磨蹭蹭，20 分钟的作业，非得磨蹭 1 个小时才能完成。”

孩子学习时注意力不集中，确实让家长伤脑筋。如果孩子天生愚笨，根本就不是读书的料，家长也许心里还比较坦然。可自家的孩子明明挺聪明，高难度的习题也都能做出来，就是不能将心思集中在学习上。所以，培养孩子专心致志的学习习惯刻不容缓。那么，如何才能做到这一点呢？

一是适时解除孩子内心的忧虑。如果孩子心理压力比较大，注意力就无法集中。孩子害怕考试，尤其害怕被家长们告诫为“将决定一生命运”的考试。遇到这种情况，他们就会心神不定，甚至胡思乱想。背负着沉重的心理负担，孩子自然无法专心学习，而优秀的家长都是孩子的心理安慰师。

二是发掘孩子的学习兴趣。如果孩子对某门功课毫无兴趣，那就很难集中注意力；反之，如果孩子对学习内容充满兴致，那么不用督促，他就能全神贯注去学习。兴趣是最好的老师，要努力挖掘孩子的学习兴趣。

三是给孩子设定一个明确的做作业期限。比如，可以对孩子说："你可以不着急，但必须在 8 点之前完成作业，否则，周末就不能……"这样培养孩子的时间紧迫感，慢慢地让孩子形成学习规律。

想读书，总有时间

研究发现，历史上凡是取得成就的人，都将学习看作自己的本分，会抓紧一切时间来读书学习。对待学习，他们就像蜜蜂采蜜那样不辞劳苦，日积月累，最终取得伟大的成就。

在总结自己的成功经验时，爱因斯坦这样说："天才是 99% 的汗水加 1% 的灵感。在天才和勤奋之间，我毫不迟疑地选择勤奋，她几乎是世界上一切成就的助产婆。"现在，很多青少年缺少的正是这种勤奋刻苦的精神，他们怕苦、怕累、怕繁、怕难，不是硬性任务不去做，不到考试不复习，甚至还会猜题和作弊，或花钱雇同学代自己做作业。如此，成绩必然下降，脑子必然"生锈"。

要知道，成功和勤奋是一对孪生姐妹。成功的最终目标是在勤奋的汗水里一点一滴地积累出成果。

中国女孩吴雪，刚从清华大学毕业，就拿到了英国牛津大学的录取通知书。

这个女孩很聪明，也异常勤奋，她看不惯那些守株待兔、凡事总想不劳而获的人。升入初中后，她就开始制订学习计划，要求自己勤奋学习不浪费时间。这个习惯，一直被她坚持了下来。

下面就是吴雪上初中时，为自己制订的学习作息时间表：

早晨

5：30，起床、洗漱、吃早饭；

6：30，早读，然后按学校安排上课，课间要到室外散步；

12：00，午饭、午觉。

下午

1：30，起床、上学；

2：00，上课。

晚上

5：30，放学后，跑步 20 分钟；

6：10—7：00，预习英语（记住新单词和读熟课文）；

7：00，吃晚饭；

7：30，自学数学和其他科目（查清自己没有理解的知识点）；

9：00，复习前一天学习的知识。

注：周末，要对各科知识点做总结，并把做错的题目记在本子上，要注明当时做错了的原因。

就是靠着这个好习惯，吴雪走进了牛津。

在中学的学习生活中，孩子需要吃饭、睡觉、学习、娱乐等，时间看似饱和，其实还隐藏着有用的零碎时间，比如，睡前、等车、坐车、课间、吃饭前后……这些时间都是零碎的，是由无数个 1 分钟加起来的。大可以利用这些零碎时间，将学习渗透到生活之中。

这些“1 分钟”能做什么？作用有多大？我们先来算一笔账，假设孩子每天比别人多利用了 30 分钟，一周下来就是 210 分钟，一个月就是 900 分钟，一年就是 10950 分钟，也就是 182.5 个小时。按每天不间断学习 10 个小时计算，就能多出整整半个多月的时间，这就意味着孩子比别人多了一次复习的时间。所以，抓住零碎时间学习，孩子就会获得更多提高的机会。

要想让孩子学有所成，就要引导他们制订学习作息时间表，明确：什么时间起床，什么时间上学，什么时间放学回来，什么时间休息、睡觉，复习功课用多长时间……通盘考虑，合理安排，就能忙而不乱。同时，要教育孩子认真遵守时间规定，持之以恒。

一是充分利用最佳时间。青少年时期，孩子的大脑已经发育完善。他们记忆力好，但不愿意长时间学习。一天中最佳的学习时间是上午 9：00—11：00 点，下午 3：30—5：30，但在中午应休息 2 个多小时。晚上做作业，复习功课，但不能时间过长，否则会影响孩子入睡。制订了时间表，孩子就能科学有效地学习和生活。

二是制订时间表后，要合理地利用时间。为了最大限度提高时间效率，要让孩子了解自己的生理规律。每天的时间可以分为四个阶段，分别是安静、喧哗、最佳思考和最不灵光阶段。只有在不同的阶段去做不同的事情，才能提高学习效率。

安静阶段：在这个时间段，用来看书，可能过目不忘，效果特别好。

喧哗阶段：这个时间段，可以与人聊天，畅所欲言，宣泄自己的情绪。

思考阶段：思考自己需要解决的问题，思维的火花很可能就在这个阶段迸发。

最不灵光阶段：进行体育锻炼，通过张健身体，来达到调节自身的目的。

三是要注意将长、短期计划结合。长期计划，是指在一个较长时间内规定达到的目标。家长要重视孩子的思想感情，不能只关心其表露在外的情绪。这里要提醒家长们的是，短期计划虽然只是体现为每天的具体作息表，但也应当注重“模糊概念”，比如，少些几点几分该起床、几点几分该吃饭的细节规定，应当这样做：在几点前休息、几点起床，作业要在看电视前完成等。

四是制订了时间表，就要让孩子主动执行。要让孩子学会对自己负责，对自己的将来负责，既然制订了时间表，就要认真执行。如果孩子执行不到位，家长要及时进行提醒。

治好懒惰的“病”

在我们身边，有很多这样的青少年：

甲：吃饭的时候，宁愿让爸妈给盛饭，自己也不会动一下，更别说收拾桌子、洗刷碗筷了。

乙：脏衣服脱了，直接扔进洗衣机，即使是自己的袜子，也懒得洗。

丙：晚上睡觉，懒得换睡衣，直接上床，不管身上的衣服脏不脏。

丁：尺子掉地上也懒得捡，找个同学帮忙捡。实在没人给捡，就不捡了，第二天再买一根新的。

这些孩子最显著的特点就是“懒”。

除了身体懒，还有思想懒。

有的孩子遇到问题，懒于动脑，懒于思考，只等着现成答案；

有的孩子考试不动脑筋，只知道抄同学的答案；

有的孩子跟同学发生了矛盾，不想办法解决，只知道叫家长。

思考是一种脑力劳动，既然是劳动，就会付出辛苦。

因此，懒，就成了多数孩子的通病，也是孩子学习成绩不好的主要原因。家长必须对孩子的懒予以重视，找到原因并进行纠正。

1. 孩子懒惰的原因

孩子懒惰的原因，有先天的，也有后天的，但通常有以下几方面的原因。

一是家长太过溺爱孩子。有的孩子懒于动手和动脑，源于家长的溺爱。家长对孩子过分溺爱，对孩子的事情大包大揽，不让孩子参与任何劳动活动，让孩子养成了衣来伸手、饭来张口的坏习惯，时间久了，孩子不但动手能力变差，也懒于动脑思考。

二是家长太懒惰。家长的懒惰行为，也能让孩子变得懒惰。比如，家长在家里喜欢使唤别人做事，从事体力劳动或脑力劳动时叫苦连天或半途而废。孩子每天都能看到家长的所作所为，加以模仿，就会滋生出懒惰的心理。

三是自我约束能力差。孩子的任务就是学习，但很多孩子懒惰，不想学习，只想玩；有的孩子不会约束自己，总是需要家长的教育和督促。

2. 纠正孩子的懒惰

要想解决孩子的懒惰问题，关键在于，家长能否沉下心，持久地对孩子进行关注和教育，并使用不同的方法，激励孩子改变。相信只要家长认真对待，有效引导，孩子就会越变越好。

一是让孩子支配空闲时间。休息时间，很多家长都会给孩子布置一些家庭作业，比如，孩子完成了学校布置的作业，家长会让孩子再读会儿英语；孩子刚读完英语，家长又会让孩子做数学题……这种做法，会让孩子感到，只要有空闲时间，家长就会给自己安排任务。于是，为了减少这类事情的发生，他们就会放慢写作业的速度，磨磨蹭蹭。时间久了，孩子学习效率就会降低，学习的乐趣自然也就无法体会了。

二是了解孩子内心的需要。孩子的学习效果不佳，总是受到老师或家长的批评，就会让他对学习产生厌倦或恐惧，继而失去学习的动力，无法认真、主动地学习。因此家长应该想办法激发孩子的学习动力，多加鼓励和肯定孩子，让孩子感到学习是件有意义的事情。

三是称赞并鼓励孩子。看到孩子做事情磨蹭发懒，有些家长喜欢喊叫，结果是越催促，孩子的动作越慢。面对孩子完成的作业，家长要称赞或鼓励，让孩子获得成就感，这样孩子以后在面对问题时就会觉得“我能行”。自信的孩子，做任何事都不会差！

四是摆正心态，刻苦学习。告诉孩子，学习需要刻苦。同时，还要让孩子明白，只有好好读书，努力刻苦，才能有光明的未来。

按时完成作业是一种能力

记得不久前在论坛里看到一个妈妈发出感慨："孩子又快又好、保质保量地完成作业，是一种能力。"

这个妈妈之所以这么说，是因为在小学阶段，她始终坚持对孩子进行快乐教育，能减负就尽量减负，有时间就让孩子尽量出去玩。在快乐地渡过六年的学习时光后，孩子顺利升入初中。初中阶段的学习，和小学阶段截然不同，学习的目标和任务不同，老师教学的模式不同，作业量也大大增加。这不但让孩子措手不及，对学习产生了抵触心理，厌学情绪浓重，而且也加重了妈妈的焦虑，让她深感无力。

为了帮助孩子完成突然增加的作业量，她不得不发起全家总动员的临时应对活动：对于需要背诵的内容，孩子只负责争分夺秒地背诵，而爸爸负责模仿孩子的笔迹抄写，以完成作业；对于需要查阅资料才能完成的内容，妈妈会帮助孩子上网搜索，把资料整理出来，由孩子誊抄并且边抄边粗略地看一遍；对于那些实在无法替代去写或者帮助孩子完成的作业，爸爸妈妈只好愁眉苦脸地陪伴在孩子身边，一边看着深夜的时间一分一秒地过去，一边心疼孩子没有充足的睡眠，担心孩子的身体。直到一个学期之后，孩子终于在高强度的训练下，提升了原本在小学高年级阶段就该提升的完成作业的能力，渐渐地找到学习的信心，也不再逃避学习。妈妈这才如释重负，从此之后再也不用和孩子一起写作业了，也情不自禁地感慨：写作业的能力真的很重要，且不可或缺！

完成作业是一种能力，对于很多家长而言，这个论调很新鲜。然而，一旦进入初中阶段，他们就会恍然大悟：且不论孩子学习成绩是好还是坏，完成作业真的是一种能力。如果不能按时完成作业，孩子的睡眠时间就会被占用，从而影响孩子次日正常的学习生活；如果不能按时完成作业，孩子就会受到老师的批评，进而影响孩子一整天的心情，甚至让她无法专心听讲；如果不能按时完成作业，偶尔一次作业多孩子还能承受，如果经常如此，不管是欠缺的睡眠还是没有完成的作业，都会让孩子不堪重负；如果不能按时完成作业，将来孩子面对时间固定的考试，即使能保证把每道题目都做对，却不能完成整张试卷，就会影响考试成绩；如果不能按时完成作业，随着学习的不断推进，任务越来越重，时间越来越紧，作业越来越多，孩子就会越来越无法适应……

孩子升入初中，进入崭新的学习阶段，要面临很大的挑战，不仅需要适应身心的快速成长，也需要适应新的学习状态。12 岁的前半段，孩子还是小学毕业班的孩子，是“儿童”；12 岁的后半段，孩子已成为初一新生，成为“青少年”。伴随着 12 岁的到来，孩子进入了让很多家长都抓狂的“青春期”。随着体内激素水平的变化，孩子表现出情绪多变、冲动易怒、敏感脆弱、攻击性强等诸多特点。在此过程中，家长要做到细心观察孩子，用心陪伴孩子，耐心引导孩子，知心理解孩子。

除了作业量大，让孩子无法按时完成作业的客观原因，要想提升孩子完成作业的速度，保证孩子完成作业的质量，家长需要从以下几种情况着手，切实有效地帮助孩子。

1. 改变孩子的慢性子。每个孩子的性格都不同，有的孩子是急脾气，做任何事情都很快，对待作业自然也不例外。他们一旦放学，就会火速回家完成作业，甚至有些心急的孩子还会写完作业再吃饭。对于这样的孩子，家长不需要催促他们，反而要提醒他们慢一点，认真一点，这样才能保证作业的质量。和急脾气的孩子恰恰相反，性格慢的孩子写作业稳中求胜，他们特别认真细致。俗话说，慢工出细活，这么做，虽然作业的质量得到了保障，但是完成作业的速度却大大降低。这时，家长要告诉孩子：保证所做的每一道题都正确很重要，但是能完成所有的作业同样重要。家长可以适度地催促孩子提升速度，也可以引导孩子制订完成作业的计划，让孩子把控好完成作业的节奏。

2. 改变孩子拖延的习惯。如今，越来越多的孩子患上拖延症，每天到了该写作业的时候，他们不是要吃水果，就是要喝饮料，也有的孩子会去卫生间蹲上半个小时。时间悄然流逝，孩子原本可以准时完成作业，最终却拖延了少则半个小时，多则几个小时。看着孩子睡眠不足的样子，家长当然心疼，那么有什么办法可以帮助孩子戒掉拖延的坏习惯呢？就是让孩子承受拖延的后果，负起责任。当孩子因为拖延而延误做作业的时候，家长不要任由孩子延长时间，而是要督促孩子准点睡觉。没有完成作业，孩子肯定很担心次日被老师批评，不要心疼，只有尝到被批评的滋味，孩子下一次才能积极主动地完成作业。

3. 培养孩子的时间观念。如果孩子没有时间观念，也没有珍惜时间的意识，那么他就会在不知不觉间浪费时间。例如，孩子狼吞虎咽地吃完晚饭，原本准备抓紧时间完成作业，却因为吃得太饱，提出要在沙发上休息10分钟。结果，这一休息就是30分钟。等妈妈意识到再来提醒孩子，孩子却显得一脸无辜："哎呀，时间过得这么快！"为了帮助孩子增强时间观念，家长可以在家里准备一些计时工具，例如沙漏或者闹钟，从而提醒孩子"时间到了"。

4. 增强孩子的专注力，提高学习效率。孩子有没有专心地做作业，形成的效果截然不同。那么，如何才能帮助孩子保持专注力呢？要培养孩子的专注力，家长就要做到在孩子专心做某件事情的时候，尽量不要打扰孩子。现实生活中，很多妈妈爱子心切，在孩子专心致志地完成作业时，常常会为孩子送去一杯牛奶或者一盘水果，这些看似充满善意和爱意的举动都会扰乱孩子的思路，分散孩子的注意力。孩子喝牛奶、吃水果，可以在完成作业之前，也可以在完成作业之后，最不应该在完成作业之中进行。专注力，是帮助孩子提升学习效率的必备能力。只有专注，才能保证学习效率，提高作业质量。

5. 想办法解决孩子遇到难题的问题。如果遇到难题，孩子潜心思考半个小时也是有可能的。思考出来，孩子会有成就感；想了半天也没想出个所以然，且没有找到具体的思路，孩子就会产生挫败感，失去信心。因此，家长既要培养孩子独立完成作业的习惯，在孩子的确遇到困难的情况下，也要帮助孩子，给予孩子适当的启发，拓宽孩子的思路。作业是对课堂内容学习情况的检验，如果孩子每天完成作业都困难重重，则意味着问题不仅在于一道题目，而是孩子的学习出现了状况，这时家长就要引起足够的重视，给予孩子必要的助力和支持，例如为孩子补课，有针对性地给孩子报补习班等。

6. 培养孩子独立完成作业的好习惯，不陪写，不陪读。如今，大多数家庭都只有一个孩子，很多家长会把工作之外的所有时间都投入在孩子身上。每天晚上，当孩子拿出书本准备写作业的时候，爸爸或者妈妈就会坚持陪伴在孩子身边。有的时候，看到孩子做错题，爸爸妈妈还会及时为孩子指出来。这会打乱孩子完成所有作业的整体计划和时间安排。要知道，孩子写作业不需要陪，陪伴并不能增强孩子的自控力，反而会让孩子养成依赖性。那些被陪惯了的孩子，一旦哪一天爸爸妈妈有事情不能陪着他们，他们就会变得自由散漫。反之，当习惯了独立完成作业，孩子就能做到不管爸爸妈妈在不在家、是否陪伴在自己身边，都一个样。从小学到高中毕业，整整 12 年的时间，爸爸妈妈从头陪到尾，并不是明智之举。

7. 限定时间，保质保量完成作业。对此，很多家长也许会感到困惑，时间仓促，孩子如何保证作业的质量呢？的确，太过短暂的时间会让孩子敷衍了事地完成作业，但是，花费太过于漫长的时间完成作业，同样会导致孩子作业质量低下。家长可以评算孩子的作业量，为孩子限定完成作业的时间。当孩子知道他们完成作业的时间有限时，他们就会集中精神，争分夺秒地完成作业，可谓一举两得。为了让孩子养成遵守时间的好习惯，当孩子需要延长时间时，如非特殊情况，家长一定要坚持原则。

8. 让孩子自己记作业。针对孩子经常漏写作业的情况，一些家长会对照学校的作业内容，一项一项地检查孩子的作业。这种方式适合用在孩子小学低年级阶段，帮助孩子养成良好的学习习惯。对于初中生而言，家长全权代劳，只会使孩子根本不担心自己作业有没有完成，因为总会有人监督他。还有的家长会帮助孩子收拾书包，所以孩子从来不会为是否带齐书本和文具操心。初中生已经长得和家长差不多高了，完全可以为自己负起更多责任，因此，家长要学会把属于孩子该担的责任循序渐进地交给孩子。

9. 营造良好的学习环境，消除“诱惑”因素。在孩子开始写作业之前，要清理书桌上一切与学习无关的物品。首先，绝不能让手机陪伴孩子完成作业。其次，还要把那些功能花哨、款式新颖的文具和无关的课外书等，都清理出书桌之外。孩子保持专注力的时间很短暂，书桌上的东西越多，孩子保持专注力的时间就越短。因此，干净整洁的书桌，是保证孩子快速高质地完成作业的关键。

从孩子进入学龄阶段开始，家长就开始了漫长的陪读之路。每一个家长都对孩子寄予了深切的期望，这是人之常情。然而，“替代”从来不是助力孩子成长的好方法，反而会使孩子各个方面的能力发展滞后，也会导致孩子缺乏信心，不能获得成就感，因而消极被动地对待学习。面对每天都有的作业，一定要让孩子保质保量地完成，如此才能让其成为一个合格的学生，建立起对学习的信心。当然，青春期的孩子成长速度很快，充足的睡眠也必不可少。只有督促孩子提升速度，提高效率，尽量在合理的时间内完成作业，才能保证孩子能够健康快乐地成长。

人生的道路很漫长，未来，孩子有很多问题都需要自己面对和解决。

完成作业，是孩子开始学习的第一道关，也是必须过的关。家长要建造阶梯，让孩子循序渐进地成长，同时也要遵循孩子成长的节奏，让孩子按部就班地提升自我。只要每一步都不落下，孩子就会爱上学习，也一定会坚持进取，登上属于自己的人生巅峰！

第七章

端正态度，坚持学习不断进取

学习态度影响学习效率

态度影响效率；同样，青少年的学习态度，也会对他们的学习效率产生影响。因此，要想提高学习效率，就要让孩子端正学习态度。

李然是一名正在上初二的男孩，数学成绩一塌糊涂，家里给请过不少补习老师，却始终不见起色。爸爸似乎已经认为他“不是学数学的料”，热心的同事得知这一情况后，便向他建议，把儿子送到心理咨询室试试，于是，李然就走进了一家颇有声誉的青少年心理咨询室。

跟李然接触没多久，咨询师就发现，他思维非常活跃，也非常聪明。按照常理，这种孩子在数学方面应该比较有天赋，但看他的作业完成情况就会发现，他的数学基础确实很差，甚至连课本上的定理和公式都搞不清楚。

开始辅导后，咨询师发现，李然的注意力非常不集中，很容易走神，且上一秒才讲过的题目，下一秒再问他，又是“一问三不知”。但李然的记忆力毫无问题，可以完整地复述以前看过的一些故事或电影情节，甚至还能活灵活现地描述出故事中的细节。

最后，咨询师得出结论，李然的数学成绩之所以无法提高，不是因为他“学不好”，而是因为他根本就不想学。

这就是态度问题了。

多数孩子之所以学习不好，并不是因为头脑不聪明，而是学习态度不端正。只有将学习看作一种兴趣、一种责任，认真主动地学，才能提高学习效率。

中学阶段是每个孩子青春叛逆性格表现突出的时期，也是众多家长提心吊胆陪伴最煎熬的阶段。其实，不是所有的中学生都会将叛逆情绪发挥到极致，应看家长的教育引导是否到位。优秀的中学生在青春期最为理智，不会因为小事与家长对着干，他们会进行情绪的自我调整和控制，且偶尔的不良情绪也不会影响他们对学习的态度和兴趣。

研究表明，学习态度不仅会对学习效率造成影响，还决定孩子会不会学以及学习的行为方式。美国著名的希尔教授说：“造就人类的成就，除了能力外，还有一种催化剂，就是态度。当我们的态度正确时，能力便能发挥到极致，自然也就有好成绩出现。”孩子的学习态度是否端正，直接影响学习效果。

造成学习态度不端正的原因大致有三类：

（1）孩子无法承受学习压力。现在的孩子学习压力越来越大，身心超负荷运转。如果孩子基础差，或没有及时弥补学习中的不足，或有心理障碍，就会落伍。长期落后，孩子的自信心就会严重受损，抱着不良的学习态度。此外，上课、作业、考试等占据了孩子的所有时间，孩子缺少自由支配的时间，把学习视为苦差事，影响到他们的学习态度。

（2）孩子太过贪玩。有的家长强制孩子学习，学习之外，不准孩子参加其他活动；有的家长没有带领孩子体验过学习的乐趣，忽视了孩子的个性特点，使孩子感到“活得很累”。为了宣泄不满、体验成功，孩子就将注意力放在了游戏、手机等上面，寻找着乐趣和刺激，游戏胜利后的成功体验使他们不能自拔，无心学习。

（3）家庭对孩子的负面影响。有的家长的思想言行和教育方法不够正确，觉得读书无用或信奉读书决定论；有的家长对孩子百依百顺，增加了孩子的优越感，使孩子丧失了进取心而不愿学习；有的家长一方面要求孩子认真学习，一方面自己却通宵达旦地打麻将等。

学习态度不端正是由一个漫长的过程形成的，要想解决也需要相对漫长的过程。为了端正孩子的学习态度，家长要从下面几点做起：

（1）认真倾听孩子的心声，平等地与孩子交流。孩子的青少年时期，随着年龄的变化、知识的增加，孩子对事物就会有自己独到的见解，虽然有些认识可能看来比较幼稚、肤浅，但家长要耐心听取他们的意见，并采取恰当的方法与他们交流。

（2）培养孩子广泛的兴趣爱好。青少年都天真烂漫、精力充沛，家长应鼓励孩子积极参加有意义的活动；要引导孩子接触社会，接触大自然；给他们发挥自己特长的机会，让他们放松心情，变厌学为乐学，继而引导孩子形成正确的学习态度。

（3）不要采取过分偏激的教育方式。每个孩子都会犯错，出现了这种情况，家长应耐心听取孩子的意见，帮助孩子分析错误的原因，不能不问青红皂白胡乱批评一通，更不能打骂孩子，否则很容易引发孩子的逆反心理。

（4）关注孩子的心理感受。孩子成绩不理想，心里也会感到难过，家长应该关心孩子，不要挖苦，少些讽刺，要跟他们一起分析失利的原因，如果是态度不端正造成的，就要帮助孩子积极改正，必要时可以寻求老师的帮助。

从“要我学”到“我要学”

关于学习，一个规律是：主动的学习与被动的参与，结果大相径庭。提高孩子学习的主动性，需要技巧，紧握“唠叨为主”“责罚为辅”“总是羡慕别人家的孩子”等三板斧，孩子迟早都会陷入无语或抓狂中，谈何主动学习？

一位妈妈曾发出这样的感慨：

孩子一天天长大，如今已经上高一了，可是别人家的孩子都很自觉，不用家长督促就能主动将作业认真完成；不用大人教导和管理，成绩也照样很好。自己家的孩子只知道玩，让他写作业，他要么说“等会儿”，要么就找借口，真是操不完的心。有时候我坐在他旁边，盯着他学习，甚至把他关到房间里学习，但是效果多半也不好。看着孩子学习成绩一天不如一天，感觉好着急。

其实，孩子不爱学习，不喜欢学习，是一个学习心态问题。孩子不爱学习，多半都受到教育环境不良因素的影响。其中之一是，孩子某学科考试考砸了，受到家长、老师的指责，心理受挫导致讨厌某个学科。越是学不好，越是不想学；越不学，就越学不好。一旦陷入这种恶性循环，渐渐就会导致孩子厌学，最后干脆就不学了。

什么是主动学习？就是孩子自己学习思想意识的觉醒，不用他人提醒和催促，就能自觉主动、圆满地完成学习任务。孩子主动学习是家长最期望的理想状态，在这种状态下，学习成绩也会取得突破性的提高。怎样才能让孩子主动学习？可以从下面三个方面入手：

（1）客观估量孩子学习能力。学习是很艰苦的，必须要有一定的能力与之匹配。能力不足，学习就会很痛苦，而且会离目标越来越远。所以，学习之前，要让孩子客观评价自己，既不妄自菲薄，也不妄自尊大。怎么评价呢？一是自评，二是他评。接受他人意见方面要让孩子虚心，要懂得容纳与自己截然相反的观点。他评与自评结合起来，结果才能更接近事实。

从自己的能力出发设定目标才会更合理。超出能力范围，再怎么努力，也不会有好结果；低于能力范围，学习的价值就不能得以体现。

（2）激发孩子的内在学习动力。学习是长时期的活动，需要积极的目的指引。首先，要让孩子知道，学习究竟是为了什么？作为普通人，不妨想得现实一点，比如，尽可能考一所更好的大学，平台就能高一些，起点就能领先一点；也可以让孩子志存高远，告诉孩子为实现中华民族伟大复兴中国梦而奋发读书。

（3）建立双向监督机制。学习是很单调的活动，少了监督，就会多懈息。监督方式有两种：一是内心自律，二是外部监督。能做到严于律己的人，自然能够刻苦；不能自律，就需要他律。青少年，需要师长和家人的监督，这一点要让孩子正确认识。

保持好奇心和求知欲

好奇心是由新奇事物的刺激所引起的一种朝向、注视、接近、探索的心理和行为动机，是人类行为的最强烈动机之一，往往刺激越复杂越新奇，个体的好奇心便越强。

求知欲是一种认识世界、渴望获得文化科学知识的带有情绪色彩的意向活动。在实践活动中，如果孩子觉得自己缺乏相应知识，就会产生探究新知识或扩大、加深已有知识的认识倾向。这种情境多次反复，认识倾向就会逐渐转化为个体内在的求知欲。

好奇心、求知欲的产生和培养与环境刺激密切相关。丰富多彩的环境是激发和培养好奇心、求知欲的必要条件，而单调、枯燥的环境则会抑制和扼杀孩子的好奇心和求知欲，所以创造适宜环境对培养孩子的好奇心和求知欲极为重要。下面简单介绍几个方法。

（1）不挫伤孩子提问的积极性。青少年对什么都感兴趣，有着强烈的探索精神，而且喜欢刨根问底。对于孩子的问题，家长不能用“没时间和你说这些”“以后你就会明白了”等话语回应孩子，否则会扼制了孩子的好奇心。好奇是孩子认识世界、实现社会化的起点，不予以支持和鼓励，将会挫伤孩子的积极性。为使孩子的好奇心和求知欲得到满足和被正确引导，家长应看到自己的不足，并切实改正，积极学习。

（2）适宜的环境刺激。人类周围的环境刺激是丰富多彩的，当千姿百态的事物具体地展现在孩子面前时，要鼓励他们亲自去看看、听听、闻闻、尝尝等，让孩子探索生活中的奥秘。家长应正确引导孩子去观察、去思考、去探索，以激发他的好奇心和求知欲，逐渐培养学习兴趣。

（3）用故事来刺激孩子。故事是用口语化的艺术语言表达的，有内容，有情节，形象生动，孩子一般都喜欢听。故事不但能丰富孩子的知识，扩展孩子的视野，使他们懂得人生的哲理和发现人生价值，还能起到增强注意力、丰富想象力，从而激发求知欲的作用。

（4）让孩子自己寻找答案。青少年对周围事物和现象感到新奇，什么都想知道，成人可以有意识地启发他们积极思考，寻找答案，鼓励他们进行好奇心引起的各种探索活动。要经常注意孩子提出的不寻常的问题和有价值的想法，抓住时机进行启发、诱导。

（5）为孩子提供动脑动手的机会。青少年一般都模仿性强、爱动，可以让他们利用手边的工具，运用感官自己观察，自己动手，体验自我成就感和乐趣。

享受学习，而不抗拒学习

成就感和创造性是一对孪生姊妹，付出了创造性努力，取得了好成绩，就有了成就感。反过来，成就感也会加强孩子的创造力。从心理学角度来说，“成就感”是一种情绪体验，是人们实现自我价值、渴望得到认可的心理潜在需求得到满足时产生的一种感觉。简单地说，就是人们因为自己所做的某件事骄傲和愉快的感觉。

现在有一个令很多家长都感到头疼的事情，那就是：孩子非常抗拒学习，有严重的厌学情绪。事实证明，只有耐心地跟孩子交流，了解孩子的心理，发现孩子厌学背后的真正原因，才能对症下药，使孩子轻松快乐地学习。

为了让孩子获得学习的成就感，可以从以下几方面做起：

（1）用亲情填补空缺。家长文化水平不高，没有意识到安静的环境对孩子学习的重要性，下班后喜欢邀同事到家里打扑克；家长平时不注意，吃过饭就打开电视机一直看……在这种环境中，孩子根本就无法读书。要想让孩子享受到学习的乐趣，就要有意识地给他们创造一个好环境。如果家里住房紧张，家长可以在室内较僻静的地方安排一个学习角，摆张书桌，安上灯，让孩子在那儿安心学习。

（2）多鼓励少指责。要想减少孩子对学习的抗拒，就要多商量少命令，多引导少训斥，事实证明，家长越尊重孩子，孩子越自尊，越会注意修正自己的言行，越能赢得别人的尊重。当然，对于孩子的坏品行、坏习惯等，也不能过于委婉，但也不能训斥，要平等而严肃地与他们进行谈话，指出危害性，要求其改正，并制定一些惩罚措施。

（3）试着求知，言传身教。为了通过自己的言行培养孩子对学习的热爱之情，家长要不断地学习，与孩子共同进步。可以通过读书、自学等方式逐步提高自己的文化水平，甚至可以拜孩子为师，极大地激发孩子的学习兴趣。督促孩子学习时，家长却在一边休息或娱乐，只能让孩子感到心理不平衡，无法在孩子心中树立威信。

（4）经常强调：所有付出都会有回报。家长可以和孩子谈心，谈自己的故事，自己在生活中的付出和回报，让孩子了解，每一份付出都会有相应的回报。这样，孩子会自觉用“付出了多少”来要求自己，提高学习的主动性，并且坚信，只要付出足够的努力，一定会取得成功。

（5）和孩子比赛，做一个有成就的人。家长努力做一个有成就感的人，和孩子展开一场家庭竞赛，就能让家里充满努力奋发的气氛，每个人都会用自己的努力去取得更多的成就。让孩子习惯于努力获得成就，他在学习上就会不甘落后、奋起直追。

（6）帮孩子从挫折中找到自己的优势。当孩子面对挫折时，家长应该帮助他分析，自己有什么优势没有发挥出来，如果发挥的话，事情能有怎样的改变。要鼓励孩子，任何失败都是成功的一部分，每次失败，都是离成功更近了一步。

（7）为孩子骄傲。自己的孩子是最值得家长骄傲的。如果经常为孩子骄傲，从小就把孩子看成天才，孩子就会向着天才的目标努力。这样的孩子知道要强，愿意比别人付出更大的努力，也就能取得更大的成就。

（8）让孩子总结自己为成就付出了多少努力。孩子取得了成绩，家长可以让孩子总结一下，这份成绩是用多少努力和失败、挫折换来的。这样，孩子可以珍惜自己取得的成绩，并用更多的努力来维持。

（9）经常鼓励孩子，让孩子有成就感。成就感需要经常性的鼓励和表扬。当孩子付出努力取得进步的时候，不管这个进步多么微小，家长也应该大声地赞扬，请记住，一次鼓励可以换来十次进步。

第八章

珍惜时间，少壮不努力，老大徒伤悲

劝君莫惜金缕衣，劝君惜取少年时

“劝君莫惜金缕衣，劝君惜取少年时”诗句出自唐朝诗人杜秋娘的《金缕衣》，其诗全文如下：

劝君莫惜金缕衣，劝君惜取少年时。

花开堪折直须折，莫待无花空折枝。

大意是：我劝诸君不要太珍惜华贵的金缕衣（不要爱惜荣华富贵），应当爱惜青少年时代的青春年华。如同鲜花盛开之时应该及时摘取一样，切莫待枝上无花之时再去摘取，否则可要落空了。一句话，就是莫负好时光！

其实，“时间就是金钱”“一寸光阴一寸金”等俗语也告诉我们时间的重要性。但很多青少年都不懂得合理运用时间，把时间都浪费到琐碎的事情上，给大家举几个例子：

1. 勤奋未必有效果。多数青少年都很勤奋，但是，在有些孩子眼中，所谓的“勤”就是“不闲着”，似乎只要在读、在写、在练、在背就是

“勤”，就是充分利用时间了。要知道，“勤”只有和“效”结合起来才有意义。试想，一天读了 500 页书，背了 2000 个字，却没有记住 1 页甚至 1 个字，这种“勤”还有什么意义？

2. 学习进度拖延。有些孩子一方面大喊时间不够用，有压力，另一方面又十分拖沓，干什么都紧张不起来。叫他起床，他会说“再睡一会儿”，好不容易起床后突然发现时间不够了，便匆匆忙忙吃两口饭，甚至还顾不上刷牙；晚上做作业，家长一催他便会说“一会儿做”，即使自己在房间里，也是磨磨蹭蹭，临到睡觉才着急。这些都是拖沓的表现。

3. 时间分配不合理。人在不同时间会呈现不同的状态和效率，不按照时间规律安排学习内容，就会大大降低学习效率而浪费时间。比如，按照遗忘规律来讲，遗忘是先快后慢，越往前遗忘得越多，越快，所以学过的内容应及时复习，可是有些孩子总是先玩后复习，或攒到一块再复习，甚至干脆只做作业而不复习。这些都会影响学习的效果。

4. 张冠李戴，粗心大意。青少年时期，孩子都会有毛毛躁躁的时候，总想一下子就把学习任务完成，然后到自己的“小天地”里去。结果做作业的时候就马马虎虎、丢三落四，不是数学忘了一个符号，就是语文中张冠李戴。要知道，马虎的学习态度，不仅会造成多次返工，还会浪费巨大的精力。

5. 用品摆放没有条理。有些孩子没有条理性，用过的东西随便摆放，今天放在桌上，明天放到沙发上，后天东西又会“飞”到了床上。真正需要用什么东西时，却又急得团团转，如此，无形中就浪费了不少时间。

珍惜每一分每一秒

每次去外面吃饭，餐馆里只要有孩子的地方，就常能听到“妈妈，手机给我”的声音，所以低头族的年龄越来越小。这能怪谁呢？大人在吃饭等上菜的时候个个都在低头刷手机，更何况孩子。

李女士带孩子出门吃饭的时候，都会在包里放上两本书，在等菜的时候，一本给女儿看，一本自己看。不管自己能否看进去，都会把书拿出来，反复翻看，一直到正式开始吃饭。经过了快一年的“洗脑”，女儿的脑子里终于形成了“等菜时间＝看书时间”的公式。

45分钟的课堂，为何最后10分钟会轻而易举地“夺走”孩子的听课效率？并非孩子不想听或听不进去，而是因为学习本身必须遵循“边际递减的规律”。举个简单的例子：肚子饿了，吃一个鸡腿，吃第一个的时候觉得很好吃；吃第二个、第三个的时候好吃的感觉就开始递减；吃到五个以上的时候估计就不是好吃，而是要吐了。

对大多数孩子来说，学习是件痛苦的事情。怎样缓解痛苦呢？就是把要做的事变成习惯，变成“理所当然”的事。每天坚持刷牙不会觉得痛苦，但有些人想到要去健身就会觉得痛苦，这是因为刷牙是习惯化的行为，而健身是需要额外花费时间和精力的。可见人们对于习惯化的行为，痛苦感就会减轻。所以，一定要让孩子珍惜每一分每一秒。

一位中学生写过这样一篇演讲稿：

于尔·勒纳说过：“天才就是最强有力的牛，他们一刻不停地，一天要工作18小时。”这有力地说明了天才这个称号背后要付出多么艰苦的奋斗。每个人的一天都是24小时，天才可以抽出18小时工作，那么我们又抽出了多少时间学习呢？

或许我们不需要一天学习18小时，因为我们毕竟还是中学生，但是我们是否真的想过要这么学习呢？时间对于我们来说是多么的珍贵，我们为何不好好地把握每一分每一秒？有些同学虽然把握住了每一分每一秒，但是却没有真正地掌握知识。有些同学把握住了时间，加紧复习，这样不仅掌握了知识，而且还能有更多时间补充课外知识，这不是一举两得吗？我们何不尝试一下？

鲁迅先生曾说过：“时间就像海绵里的水，只要你愿意挤总还是有的。”不错，时间就像海绵里的水，你要勤于挤“水”，不可以一味地吸“水”，这样即使你吸很多的水，不挤还不是浪费“水”资源？所以我很佩服鲁迅先生。

我曾问过爸爸这样一个问题：“假如生命只有一天，您会干什么？”爸爸思索了一会儿说：“我会努力地工作，拼命地工作，珍惜自己的每一分钟!”爸爸摸了摸胡子，问我：“如果是你呢?”我想了一下说：“我会拼命地玩电脑、看电视。”现在回想起来，当时自己是多么的无知，那么喜欢浪费时间！要是爸爸再问我这个问题，我一定会坚定地回答：“我会珍惜每一分钟，实现我的理想。”现在的人们只有在生命将要终结的时候，才会发现自己原来还有很多事情没有做，还有很多人没有感谢。

我进入初中已经有半年了，在这段时间里我学会了珍惜时间，知道了时间的珍贵。如果时间要与我并肩前行，那么我会选择超越时间，真正做到与时间赛跑!

孔子曾经伫立在奔流不息的河边，感慨时间就像河水一样不停地流逝着，由此给后世留下警言：“逝者如斯夫，不舍昼夜!”人对于时间的珍爱和慨叹，随着年龄的增长，经历越丰富，感受自然也就越深刻。所以，面对时下许多孩子沉迷于网络和游戏、连续数小时甚至熬通宵的行为，家长才会显得那么急切、焦虑、忧虑和痛心。

孩子们之所以会出现这些现象，主要就在于，没有养成珍惜时间的习惯。而这个世上最公平的事，就是每人一天都只有同样的24小时。时间看似属于你，但你只要稍不注意，它就会悄悄溜走。在日常生活和学习中，家长要重点纠正孩子对待时间的淡漠态度，逐步培养他们重视时间的意识。

1. 正反利用孩子的“大脑兴奋时段”

珍惜时间，不等于说“学习时间越长越好”，不舍昼夜，有张无弛，疲劳轰炸，只会导致孩子神经衰弱，影响身体健康，学习效果自然也不会好。青少年都贪玩，家长可以定期与孩子交流对“时间”的认识，来准确了解孩子大脑皮层的最佳兴奋时段。每个人的这种时段都不太一样，比如，巴金喜欢挑灯夜战，艾青则会早上诗兴大发，福楼拜则惯于通宵写作。家长应让孩子将重要的学习任务在大脑皮层最佳兴奋时段完成，花较少的时间，高效地完成学习任务。与此同时，家长也可以让孩子将“玩”的时间挤在大脑皮层的兴奋状态处于抑制阶段的时间段，时间长了，孩子就会觉得“玩原来也没意思”，从此在一定程度上断除其贪玩的心理欲望。

2. 让孩子每天都背一条“惜时”名言

要想让孩子珍惜时间，可以总结一些跟时间有关的名言，每天都让孩子背一条，时间长了，他们也就懂得珍惜时间了。比如，俄国著名作家列夫·托尔斯泰曾说：“记住：只有一个时间是最重要的，那就是现在！”莎士比亚则警示世人说：“抛弃时间的人，时间也抛弃他。”

3. 将零碎时间充分利用起来

零碎时间具有极大的利用价值，大块时间的学习反倒容易导致疲劳，影响学习效率。零碎时间的学习能保持大脑的兴奋状态，在零碎时间熟记一些生词、公式、规则等，更有利于反复记忆，加深印象。比如，可以让孩子准备一个可随身携带的小本子，记录各科知识点，有空就读一遍；在起床、洗脸、刷牙、就餐等附近的墙上，钉一个跟视线等高的小夹子，夹上卡片，卡片上写上当天要背的单词、公式等；使用录音机，把要背的知识内容录下来，孩子吃饭、洗漱的时候都可以听。

4. 适时提醒孩子遵守作息时间表

在充分尊重和考虑孩子休闲时间的基础上，可制订一份合理的时间表，适时提醒孩子遵守。时间一长，就能培养孩子对时间的正确态度，使他们树立起一种“守时”的意识，养成惜时的习惯。要知道，“守时”是成功的重要因素之一。从小养成守时的习惯，不仅到时间就能自然地安心学习，提高学习自觉性和学习效率，还有利于孩子将来适应社会生活。

戒掉拖延的恶习

生活中，我们总能听到一些家长抱怨孩子做事拖拖拉拉、磨磨蹭蹭，你急他不急。我们都知道，行为方式决定行为能力，孩子一旦养成磨蹭的习惯，要想改正就非常困难了。同时，孩子生活上磨蹭还会迁延到学习、社会交往等方面，最终导致一系列不良后果。

在中学生群体中，拖延的心理和行为比较普遍地存在。这种现象在教育心理学上被称为“学习拖延”。

拖延作为心理学的一个专门术语，与一般谈及的推迟有着本质区别：推迟很多时候是作为一种计划的策略，而拖延则不是计划的，是一种习惯性的行为延迟，是人们对计划要做的事情的不断延期。

这种行为倾向不仅表现在学习上，还表现在生活上。严重的拖延行为在国外心理学界已被认为是一种心理障碍，并引发了较多的研究。因此，深入了解拖延的内在动机和影响因素，并积极寻求解决的办法就变得非常重要。

1. 拖延的类型

拖延可划分为两种不同的类型：激励性拖延和回避性拖延。

（1）激励性拖延。有些孩子会将事情拖到最后一分钟去做，声称面对截止日期限制时的时间压力，学习更有效，认为只有到最后时刻才会有创造力，不到最后时刻就没有想法。

（2）回避性拖延。为回避任务完成以后别人对自己成果的负面评价或可能导致的失败而寻找借口，就是回避性拖延。如此，即使成绩较差或考试没有考好，他们也会说是因为自己没有付出足够的努力或没有准备充分，以此推脱责任。

2. 拖延导致的后果

很多孩子对拖延行为司空见惯，不以为然。殊不知，拖延不仅是无效的时间管理行为，还是一个融合认知、情感和归因等因素的心理现象。拖延不仅与孩子的情绪和心理健康密切相关，还会对他们的学习生活产生不良影响，如降低学习效率，浪费时间。很多孩子开始的时候雄心壮志，头脑中有很多想法和打算，但是由于做事拖延，不能立刻持久地投入到学习中去，到最后时刻才匆匆忙忙地敷衍了事，时间和精力投入太少，导致学习成绩不佳。

3. 学习拖延的内部动机

孩子拖延行为产生的原因，不仅仅是本人或家长认为的自制力差、缺乏学习兴趣或是贪玩等那么简单，那只是表层原因。事实上，拖延行为的产生与孩子的认知、情感和归因等存在密切关系。只有正确识别孩子的拖延动机，才能了解得更深入，并有针对性地采取矫正措施，促进孩子学习成绩和人格的发展。

4. 纠正拖延的恶习

如何纠正孩子的拖延行为呢?

（1）超越畏难情绪。有的孩子之所以拖延，是因为觉得学习很难，认为学习给自己造成的心理压力超过了自己能承受的上限。如果孩子确实是因为觉得学习任务太重而迟迟不肯动手，那么就要引导他将学习任务分成几个小块儿，每完成一个小块儿就休息一会儿，然后孩子才能更有信心地继续学习。

（2）关注孩子的身体能力。有些孩子身体能力不足，无法长时间集中注意力，学习自然就会拖延。如果孩子是因为注意力不集中导致拖延，就要锻炼他们的注意力，尤其是身体能力，以让孩子安静下来。千万不要训斥孩子，只要提醒孩子已经偏离了目标即可。一开始不要对孩子安静下来的时长要求过高，要慢慢引导孩子“刷新纪录”；要让他动静结合，学习15—30分钟后安排活动，这样更能保证他的学习质量。

（3）清除环境中的诱惑。环境中诱惑太多，孩子做作业也会受干扰。例如，孩子正在做作业，家长却在客厅里大声唱歌，如果孩子正好也喜欢该歌曲，就会对孩子造成诱惑，让孩子边写作业，边嘴里哼哼。再比如，孩子做作业的房间里摆放有电子产品和零食等。可见，要想让孩子把学习放在更重要的位置，减少环境中的诱惑非常重要。因此如果家长发现了环境中影响孩子学习的因素，就要马上根除。

（4）奖惩要明确。奖惩不明确，也容易让孩子养成拖延的习惯。如同成年人一样，有时工作本来可以提前一个星期完成，却拖到最后一天晚上熬夜完成。因为没有影响到工作绩效，所以很多人并不在意。孩子也是如此，如果拖到最后一刻才完成也无所谓，他们可能就会习惯拖到最后一刻。为了消除这个问题，就要做到奖惩明确，如此孩子才能积极主动地学习。

（5）克服学习困难。如果孩子学习存在困难，也容易变得拖拉。这时候，就要帮助孩子夯实学习基础，使孩子学习更轻松自如、更主动。

远离没有营养的信息

随着移动互联网的飞速发展，手机已经成为人手一部的标配，很多孩子都有手机。但是，由于孩子心智不成熟，容易沉迷网络之中，像上瘾一样难以戒掉。

互联网上的信息良莠不齐，孩子可能会接触到一些有毒有害的信息而难以自拔。所以，家长最好不要给孩子买手机。即使孩子使用手机，也不能带到课堂上。想想看，连大学生都无法抵挡手机的侵蚀，更何况未成年的孩子。

当下信息过于丰富，网络世界精彩纷呈；尤其自媒体、微信等社交软件的活跃，使得各类信息排山倒海般涌现令人眼花缭乱。

孩子是信息时代的原住民。随着自媒体数量的激增、信息的爆炸式增长，信息污染的问题日益严重：垃圾信息、假新闻层出不穷，让人难以分辨。而错误信息带给孩子的可能不只是认知上的偏差，还会直接影响孩子的精神发育。因此，作为家长，要重视培养孩子的批判性思维，提高他们在海量信息中辨别真假的能力。

1. 区分信息的真伪

（1）家长要增强分辨信息真伪的意识。每个人的受教育程度、生活环境、朋友圈都不相同，对信息的辨别能力也不一样。家长是孩子的一面镜子，家长对信息不加辨识地接受，一定会影响孩子。因此，家长应该不断提醒自己，谨慎对待每一条信息，不要轻信，不要随意转发。

（2）帮助孩子建立信源观念。信源，指信息的来源。如果一篇文章中的信息引起了孩子注意，那么家长要做的第一件事就是查看这篇文章来自哪里，是谁写的；是来自正规报刊，还是网上的张三李四。没有明确出处、没有明确作者、没有引用原文地址的文章，就要让孩子根据以下四个标准来判断信息源是否可靠：

一是独立性。这类信息一般都不是他人付钱发布的，广告和接受赞助的内容都有清晰标注。要判断软文是否具备独立性，对这些信息的可靠性要先存疑。

二是平衡和准确性。可靠信息都不会对事件做评论，只会报道；会多角度看待事件，不带有倾向性；排印、拼写、语法等错误比较少。

三是负责和透明。可靠信息容易找到发布信息的作者、更正和评论的联系方式。媒体会知错就改，发生错误后，会有专门的更正声明。

四是谨慎有度。可靠信息发布依赖专家、证人或第一手资源，而不是小道消息；能客观地报道事件，用语本身不带有感情色彩。

（3）依靠常识和逻辑进行判断。受限于信息获取的渠道和自己的知识积累程度，青少年一般无法对每个信息都做出准确的判断，这时就要引导他们用常识和逻辑去辅助辨别：看看该文章的用词方式，是不是有很多连续的感叹号、表情和特殊字符等；可以反向搜索一张图片，看看这张图片之前被引用过多少次。

（4）养成交叉检查信息真实性的习惯。举个例子，朋友圈经常会出现“某某名人逝世”的消息，多数人都会立刻转发悼念，很少有人去验证信息的真实性。名人去世，主流媒体一定会发快讯，网上也会即刻发新闻报道，永远不要相信朋友圈比媒体获取信息速度更快。

（5）网络阅读不能替代读书。很多孩子都喜欢阅读网文，以致没有时间再去读书。即使觉得自己每天收获挺大，读网文也不能替代读书。图书的严谨性、逻辑性、权威性是网文所不具备的，孩子如果只读网文不读书，对事物等的理解就容易浮于表面。

2. 区分事实与观点的能力

批判性思维是根据实际情况不断地进行检测、修正、补充。具备这种思维的孩子，对于任何一个观点，都不会立刻听信，而是谨慎求证。因此，他们长大后能保持独立思考，不会人云亦云。而区分事实与观点，就是训练批判性思维的起点。

所谓事实，是能够被证明或验证的论断，通常跟数字、统计、科学、公理等有着更多的联系。在文章中，往往伴随着“根据……”“科学地讲”“从数据统计来看”等字眼。而观点是一个人对于一个主题的信念或判断。在观点的陈述里，会出现很多形容词和副词，或形容词的比较级，如最佳、很差、很受欢迎等，还会出现必须、应该、绝对等表示绝对程度的词。

勿在“狐朋狗友”身上浪费时间

作为青少年，如果是为了相互学习和相互帮助，结交几个朋友无可厚非，但是现在很多中学生无法辨别是非，为了某种虚荣心，会结交一些社会上的人，继而影响了学习。下面就是一个典型案例：

17岁的张可是家中独子，备受宠爱。逢年过节的压岁钱和平日的零花钱积攒下来，多达数万元。考虑到儿子上大学要花钱，妈妈便给他办了两张银行卡，由张可自己保管。半年前，一次偶然的机会，张可认识了绰号“双子”的社会无业青年李飞。李飞经常以各种借口向张可借钱“零花”，张可都满口答应。

为了讨得更多的钱，李飞时不时地就会约上张可一起出去玩，打台球，玩网游，吃烤串……于是，整个初二后半学期就这样被张可荒废了。张可的成绩一落千行，老师跟其他同学询问，才发现了张可的秘密。

“交人交心，浇花浇根”，这句话告诉我们，真正的朋友，不但是志同道合的，还能给人温暖和力量，促使人不断前进，鼓舞人不断奋发向上。

一定要告诉孩子，能够和自己一起吃喝玩乐、称兄道弟、有福同享、有难同当的人不一定是真正的朋友，整天跟这些人在一起，不仅会影响学习，还可能伤害到自己。

在交友过程中，很多青少年都不慎重，随随便便，不管是好友，还是损友，统统都交。好像只有多交朋友，才能显摆自己，显示自己交友广泛，见多识广。其实这种心理是不健康的。

有些社会闲散人员整天混迹于社会底层，接触到的事物五花八门，养成了一些不良嗜好，思想观念和在校学生完全不同，看到在校生单纯和善良，专门过来结交。这样的朋友只会跟孩子“有福同享”，只能让孩子一步步走向歧途。他们是披着羊皮的豺狼，损人利己。

什么才是真正的朋友？真正的朋友不管你是贫穷还是富贵，都会对你不离不弃，既不会嫌弃你，也不会攀附你；他们会陪你开心、陪你难过，但绝不允许你做伤害自己、违法犯罪的事；真正的朋友会在你急需帮助的时候默默地拉着你走一段；真正的朋友是你纵有再多的缺点，也依然支持你、包容你，只希望你能好。

孩子一般都分不清什么是真正的朋友，什么是假朋友。家长不是孩子了解世界、认知社会的窗口，把孩子送进学校，自己的教育义务并不意味着完成。孩子在校园接受的是应试教育，还要跟家长学习为人处事、认知社会、结交朋友的道理和方式等。

在适当的时候，家长要多跟孩子聊聊关于朋友的话题，多关注孩子的校园生活和学业情况，积极融入孩子的生活中，试着和孩子做朋友，教导孩子如何辨识真假朋友，什么样的朋友该交，什么样的朋友不该交。如果别人请求帮忙，要判断该帮还是不该帮，如果不帮，该如何跟对方说明等，避免孩子不会处理，影响了学习。

总之，在孩子交朋友的问题上，家长要多帮着把关，主要应该注意以下两个方面。

（1）加强正面的教育引导。孩子进入中学前后，家长要不断地对他们进行有关社会交往方面的教育。比如，可以给孩子讲一些古今名人交友的故事，有意识地给孩子灌输交友要慎重和有选择的思想，帮助他们提高明辨是非的能力，在孩子的思想上筑起一道防线，减少他们交友的盲目性。此外，应主动帮助孩子寻找好朋友，如邻居和亲友中的好孩子、班级中的好同学，都可以鼓励孩子与他们多交往。

（2）教育应注意方式方法。如果发现孩子结交了不良朋友，家长首先应保持冷静，然后花一定的时间和精力去了解情况。可以找孩子或孩子的伙伴了解情况，也可以找老师了解情况。这时候，千万不要发火打骂，更不能把孩子禁闭在家，否则只会适得其反，让孩子把家长放在对立位置，使他们心理上的“归属感”转移，把他们和坏朋友拉得更近。因此，家长要耐心说服，积极引导，避免他们到外面寻找“知音”的安慰。

第九章

坚韧不拔，
勇敢无畏面对挫折与压力

正确应对学习问题，才能提高学习成绩

《阳光总在风雨后》是许美静演唱的一首歌曲，也是中国女排的队歌，因为女排队员的演唱而风靡一时。它告诉我们，只有经历过风雨，才能看到美丽的彩虹。同样，在孩子学习的过程中，只要一遇到问题或困难就退缩，也就无法体会解答出某道题的快乐，更无法感受到获得高成绩的喜悦，只有积极面对问题或困难，才能得到好的结果。

李嘉诚为了让两个儿子接受最好的教育，在孩子们很小的时候，就开始用心培养。

李泽钜和李泽楷长到八九岁时，李嘉诚召开董事会，就让他们坐在专门设置的小椅子上列席会议。开始兄弟俩只觉得新奇好玩，会瞪大眼睛，认真听父亲和董事讨论工作。看到大家为了某个问题争得面红耳赤、吹胡子瞪眼，兄弟俩吓得哇哇直哭。这时候，李嘉诚就会对他们说："别怕，我们争吵是为了工作，这是正常现象！"

李泽钜和李泽楷从美国斯坦福大学毕业后，想到父亲的公司施展才华。李嘉诚沉思了片刻，说："我的公司不需要你们！"兄弟俩都愣住了，

说：“别开玩笑了，您那么多公司，还不能安排我们工作？”李嘉诚说：“别说只有你们俩，就是有20个儿子，我也能安排工作。但是，要想进我的公司，就要先去自己打江山，证明你们有资格进我的公司。”

兄弟俩明白了，原来父亲是想将他们推向社会，让他们经风雨、见世面。于是，兄弟俩去了加拿大，李泽钜开设了地产开发公司，李泽楷成了多伦多投资银行最年轻的合伙人。身在香港的李嘉诚，经常会打电话问兄弟俩有什么困难需要他帮助解决。兄弟俩总是说：“谢谢爸爸的关心。确实有困难，但我们可以自己解决。”就这样，兄弟俩克服了许多难以想象的困难，把公司和银行办得有声有色，成了商界出类拔萃的人物。

两年后，李嘉诚把兄弟俩召回香港，满面春风地说：“你们干得很好，可以到我公司任职了。”

儒家有句话说：“天将降大任于斯人也，必先苦其心志，劳其筋骨，饿其体肤，空乏其身，行拂乱其所为，所以动心忍性，曾益其所不能。”翻译过来意思就是，上天将要降落重大责任在人身上，一定要事先使他的内心痛苦，使他的筋骨劳累，使他经受饥饿，以致肌肤消瘦，使他受贫困之苦，使他做的事颠倒错乱，总不如意，通过这些来使他的内心警觉，使他的性格坚韧，培养他不具备的能力。这也见证了“不经风雨怎能见彩虹”的要义。

自然界中，辽阔苍穹中飞翔的老鹰，只有亲身经历无数次摔下山崖的痛苦，才能锤炼出凌空的翅膀；要想得到一颗璀璨无比的珍珠，蚌的肉体必须经受过无数次的蠕动以及风浪的打磨，才能熠熠生辉。一个真正有成就的人，多半都能在无数次的跌倒后重新站起来。

要想培养孩子学习的坚韧力，就要让他们学会适应，适应老师，适应教材，适应环境……因为只有经历过风雨的孩子，才能明白学习的苦与乐；只有正确认识学习中遭遇的挫折，孩子们才能掌握战胜挫折的本领。

任何事情都不是一帆风顺的，学习的过程同样如此。失败的经历是一种财富，如果孩子考试不及格、错题较多或学习不好，就要引导他们正确分析原因，以正确的态度面对，吸取经验教训，磨炼意志，培养胜不骄败不馁的精神品质。

为了让孩子提高学习效果，家长就要重视对他们的挫折教育，提高他们的抗挫能力，促进孩子的身心健康，继而改善学习效果，更好地适应学习环境。

1. 引导孩子在失败中总结经验教训。“失败乃成功之母”，任何学习目标的实现，都要遇到困难和障碍，自强者绝不会因失败而灰心丧气，更不会放弃努力。在孩子学习某个科目或知识之前，首先，要让他们对可能出现的困难和挫折等进行充分估计，事前做好心理准备；在学习过程中，要让他们对自己的缺点、不足以及客观存在的困难保持清醒的认识，做好心理准备。如此，遇到问题或挫折时，孩子才能镇定自若，提高承受力，做好自我防卫。其次，遇到学习问题的时候，要让孩子用积极的心理防御机制，进行理智的分析。如果孩子遭遇的学习问题源于自身无法克服的条件限制，比如智力、家庭条件等，就要让他们接受现实，正确认识自己，进行自我安慰，并转移注意力，将压力升华为动力，实现心理平衡和情感的升华。

2. 让孩子正确分析原因，改善境遇。考试失利，多数孩子都会进行归因，这时候就要让孩子注意两种归因倾向：一是外归因，即将没考好归结于外在因素，如文具没带全、身体不舒服等；一是内归因，即把失败归结为个人的内在因素，如认为自己能力不够等。抱有这两种倾向，孩子都无法找到失利的真正原因，必须让孩子从正反两方面进行补充和印证，进行完整而深刻的分析。问题或挫折会将孩子平时没注意到的问题暴露出来，这时候就要鼓励他们发现问题，正确分析，自我反省，调整自己的心态和行为，实现自我成长。

3. 受挫后，让孩子合理宣泄。现代医学证明，因挫折而导致的消极情绪，长期郁积在心内，会产生心理障碍，降低心理健康水平。因此，一旦孩子有了不良情绪，比如郁闷、生气等，就要引导他们用适当的方式，将不良情绪排解或宣泄出去。随意迁怒于人、损毁财物、行凶报复等，不仅会伤害自己，还会伤害到他人，更无意于学习成绩的提高。

（1）引导孩子倾诉或宣泄。可以创设一种情境，让孩子自由地表达负面情感，将心中的苦闷和委屈宣泄出来，达到心理平衡。比如，引导孩子向自己信赖的老师、同学、朋友、亲人等倾诉，将苦闷、悲哀、愤怒、悔恨等不良情绪宣泄出来，减轻心理负担；同时，家长也要对他们进行劝慰、开导和理解，帮助他们改善情绪状态。此外，还可以引导的孩子通过写日记、书信等方式来倾诉心声，缓和自己的情绪。

（2）引导孩子多运动。如果孩子成绩没考好，感到郁闷、痛苦、哀怨和愤怒时，可以引导他们参加感兴趣的活动，比如，听音乐、打球、骑自行车、参加聚会等，避开挫折情境，转移注意力。

消极的自我暗示，只会让孩子自暴自弃

著名哲学家马可·奥勒留说过：“一个人的生活就是他想成为的样子。”其实，这句话主要讲的就是暗示对于一个人的重要作用。在学习过程中，如果孩子相信自己，总是暗示自己“这个知识点我一定能掌握”“再算一遍，我一定能将这道题解答出来”……孩子就会提高学习或作业的积极性，继而提高效果；反之，如果孩子每天都不断地重复“我就是个笨蛋”“为什么我老犯错”，成绩多半都无法提高，还会处处犯错。而要想让孩子提高应对挫折的勇气，就要鼓励孩子进行积极的心理暗示，而少些消极的自我暗示。

女孩正在上初二，上面有个正在上高中的哥哥。对于她和哥哥，父母都抱着极大的希望，可是哥哥虽然很努力，但成绩平平。女孩目睹了哥哥的整个学习之路，觉得自己势必跟他一样，无论如何学习，肯定都考不好。想到自己将来肯定会像其他孩子一样出去打工，便放弃了努力。她懒于上学，经常旷课、迟到，不想写作业，不想考试……成绩一落千丈。

案例中的女孩之所以成绩差，主要就在于消极的自我暗示，觉得自己不行。以这种心理对待自己，就会在无形中给自己设置一个失败的圈套，似乎觉得无论自己如何努力，都走不出这个圈套。于是，索性破罐子破摔，失去努力的勇气。

青少年阶段，积极的自我暗示能够点燃他们的生命和智慧。只有在积极的暗示中，孩子才能看到未来的曙光，才能消除不快的阴影。看不到这一点，缺乏上进的勇气，认为自己“什么都不行”，即使遭遇了学习的挫折，比如：不会做题、成绩差、排名落后等，也会将其当成是自己应得的结果。

心理学家指出，反复播放“消极的心理磁带”，会形成一种根深蒂固的消极模式，使自己在有意或无意中产生运动和行为。对于青少年来说，消极的心理暗示更像一根紧箍咒，会制约他们的行动，影响他们的学习和发展。而由于年龄的限制，他们并不会调整自己的认识来适应现实，只会调整现实来适应自己的“认识”，最终证明自己是正确的——“我不行！”

不相信自己，遇到困难和挫折的时候，孩子就抬不起头、挺不起胸。因此，要想引导孩子从消极的情绪中走出来，就要避免消极的自我暗示。

1. 让孩子用正面的语言暗示自己。

有这样一个场景：

妈妈一直都鼓励儿子要给积极的自我暗示，可是考试成绩出来后，儿子依旧愁眉苦脸，说：“这次考试，很多题都是因为紧张、不自信丢了分，我也进行自我暗示了，可是不管用。”妈妈疑惑地问：“你是怎么暗示的？”

儿子说："我不停地告诉自己'我不紧张，我不可能失败'，可我还是觉得很紧张啊！"妈妈摇了摇头说："错了，你应该用正面的语言来暗示，比如说'我很放松，我一定能将题目做出来'。"

使用消极的语言暗示自我，孩子就会觉得那是在为自己的失败找借口，自然也就无法全身心付诸努力。只有用积极正面的语言暗示，孩子头脑中才能时刻出现"成功"，潜意识也会引导他走向成功。所以，家长要让孩子用正确的语言给自己暗示，让他多说"我能成功""我很智慧"等话语，不要说"我不可能失败""我不笨"等，减少消极心态的产生。

2. 自我暗示不能太过拔高。如果孩子平时的成绩在班里处于下游，经常不及格，而给自己的暗示却是"我一定能考全年级第一"，就有些拔高了。不是说这种事情不可能发生，但可能性很小。因此，要让孩子客观认识自己的真正实力，让他们给自己一个合理的自我暗示。比如，"经过努力，这次英语考试一定能及格"。对孩子来说，这种目标才更真实可信，才会更有干劲。

3. 帮孩子认清自己的能力。很多孩子之所以不能进行积极的自我暗示，是因为他们不确定自己是否有能力做到。对自己的能力心存怀疑，就无法将自己原有的水平发挥出来，原本能做成的事情可能也就做不成了。所以，家长要帮孩子认清他自己的能力。比如，目前学习到什么程度、掌握了多少知识、具备哪些能力等。之后，鼓励孩子在力所能及的范围内暗示自己，他就不会对自己的能力产生怀疑了。

4. 让孩子在自我暗示后付诸努力。暗示只是一种心理活动，只能让人心情愉快、精神振奋，不会带来任何实质性的改善。也就是说，在孩子进行了积极的自我暗示后，还要让他们多多努力，用实际行动来保证目标的实现。仅在口头上鼓励自己，忽视了实践，对于孩子的学习毫无意义。

既然已经发生，就要学会接受和适应

英王乔治五世在白金汉宫的图书室挂有一句话：“请教导我不要凭空妄想，或作无谓的怨叹。”这句话告诉我们，自己的快乐并不是来自所处的环境，而是自己对事情的反应。任何人都无法控制每一件事情，比如，挫折失败、生老病死、海啸地震，以及各种不幸的降临等，却能选择自己的心情。对于孩子来说，学习之路，不如意者十有八九，既然无法改变不幸或不公，就要引导他们学会接受不可改变的现实。

在《最强大脑》的一期节目中，来自中国的李云龙与意大利的安德烈进行了记忆力大比拼。

在比赛中，李云龙出现了一个失误，突然放声大哭，瘫倒在座位上。虽然主持人和评审都接连安抚李云龙，可是都没有用。最终，李云龙逆袭并赢得了比赛，但现场的几位评委都认为，这样的胜利不可取。

相比之下，落败的意大利男孩安德烈的从容表现，却赢得了一众好评。李云龙逆袭获胜，安德烈送给他一个大大的拥抱。他是这样解释自己的行为的：“我刚才很担心李云龙，他看起来很难过，我想拥抱他。”

接受现实是克服任何不幸的第一步；既然无法改变事实，就要改变自己。这个案例告诉我们，不肯接受现实、无视现实，是不成熟的，只能让孩子处处碰壁；只有植根于现实，才能脚踏实地学习和发展。

美国心理学家埃利斯认为，一个人的内心观念或心态决定着自己的情绪。因此，如果孩子无法适应学习环境、成绩不好、题目不会，就不能让他们讲自己的情绪都归于现在的事件、现在的人、现在的关系上，完全可以用积极的心态去改变。从这个角度来说，青少年完全有能力左右自己的心情。

诗人惠特曼这样说："让我们学着像树木一样顺其自然，面对风暴、黑夜、饥饿、意外等挫折。"明智的家长都会告诉孩子：接受现实，并不是束手就擒，只要有可以挽救的机会，就要努力奋斗；既然失败的情势已不能逆转，就要理智地接受不可避免的事实，继而在学习的道路上掌握平衡。

1. 尽快对孩子的行为进行反馈。家长是孩子的偶像，是孩子的老师，对孩子具有极大的影响力，而家长的鼓励和支持更能激发孩子的上进心。因此，当孩子遇到学习问题或困难的时候，家长就要发挥自己的作用，对孩子的行为进行积极的反馈。比如，孩子作文没写好，不要批评他，要引导他找出问题，是审题不清，还是构思不巧妙，抑或是语言不灵活……家长对孩子的反馈，会给孩子最好的引导。这时候，他们就不会沉浸于"没写好"的负面效应中，会主动发现问题，积极改善，提高作文效果。家长的无动于衷，只能让孩子变得自暴自弃。

2. 帮孩子总结经验教训。孩子在学习中遭遇了失败，要帮助他们寻找失败的原因，让孩子吸取经验，提高能力，以免下次再犯。比如，孩子这次英语没考好，就要跟他一起进行分析，是单词没掌握，还是时态搞错了；是题型不了解，还是分析不到位……要用冷静平和的心态跟孩子一起分析，不能否定孩子，更不能责骂孩子，甚至拳脚相加。

主动向他人借力是提高成绩的最佳途径

一件事情结果的达成，有谁规定只能用自己的力量呢？很多人之所以成功并不是因为他们的能力有多强，而是因为他们整合了更多的资源，懂得“借力”。关于借力的作用，相信成年人都知道，而且很多人在生活或工作中也是这样做的。可是，面对孩子的时候，为何不这样引导？

孩子们都知道学习的重要性，也希望自己成绩好一些，有些孩子却因为各种各样的原因，总觉得自己力不从心，怎么办？这时候，就要引导孩子学会借势。有这样一个小故事：

男孩正趴在桌上写作业，似乎遇到了难题，在草稿本上改来改去。爸爸走进来，看到他的样子，鼓励说：“所有的题目都是围绕知识点展开的，只要多想想，一定能解答出来！”可是，题目太难，孩子想了很多办法，都没有得出正确答案，只能告诉爸爸：“这道题太难，我已经用尽全力了！”

爸爸却说：“你没有用尽全力。”男孩不解，爸爸微笑着说：“因为我在你旁边，你都没有请求我的帮助！”是啊！爸爸是毕业于名校的高材生。

男孩急忙让开座位："爸，那你看看。"

爸爸将男孩摁回椅子，然后拿起圆珠笔，在草稿纸上，唰唰唰……这道复杂的几何题，很快被解答出来了，而且完全正确。

男孩崇拜地看着爸爸："爸，你真棒！"爸爸没有在意儿子的夸赞，而是根据题目重新画了分析图，然后给儿子讲起来。结果，只讲了一半，男孩就知道解题思路了。

任何题目的解答，都有关键点，有时孩子思考了很久却解答不出来，很可能就是在某个点上"卡壳"了。这时候，只要找出这个点，就能顺利将题目解答出来。而这个点的寻找，有时候却不是孩子一个人能找到的。这时候，就要让孩子学会借力，比如，问老师、问同学、问家长，相信总有人能为孩子提供帮助。

事实证明，孩子遇到的很多学习问题，都是因为不懂得如何求助。与其一个人在那里蒙头苦想，耽误时间，倒不如寻求他人讨论或请教一番。青少年一般都心思单纯、天真可爱，遇到自己不能解决的困难，会感到束手无策，渴望他人来帮助自己，却不知该如何才能让他人感应到自己的无助。这时候，就要鼓励他们大胆走出去，用谦虚的心态向他人请教。

1. 强化孩子的求助意识。如今，家长们都重视孩子独立意识的培养，很少有家长会教孩子向他人求助，这是不正确的。孩子不是独立于社会的个体，学习问题的解决，仅靠他一个人的能力，有时并不能解决，要鼓励他们及时提出、向他人寻求帮助。孩子太懂事、太要脸面、不懂求助，会让他失去很多解决问题的机会。在孩子身边，很多人都喜欢助人为乐，比如同学，既然如此，为何不找他们帮忙？因此，要强化孩子的求助意识。

2. 锻炼孩子的求助技巧。青少年由于年龄的限制，在向他人求助时，可能会遇到一些问题，比如：表达不清、胆子小、怕别人瞧不起自己等。这时候，就要鼓励他们大胆地去向他人寻求帮助，努力找到解决的办法，比如：向他人求助，态度要谦虚；让同学帮忙，要选人家不忙的时候；要胆子大一些，不要怯懦；如果同学们都不会做，可以直接到办公室找老师帮忙。

3. 培养孩子乐于助人的性格。乐于助人是一种美德，也是心灵获得快乐的重要渠道，在帮助他人的过程中，孩子更能理解合作的重要性，更容易获得好人缘。因此，既要让孩子主动向他人求助，也要让孩子主动为他人提供帮助。人与人之间的相处是相互的，如果孩子乐于助人，那么当他遇到问题的时候，别人也会愿意为他提供帮助。

第十章

自信自强，坚定不移走自己的路

拥有迈出第一步的勇气

家长在教育孩子的时候，通常都会鼓励他们“勇敢一点”“不要胆怯”，以便孩子能够将事情做好。其实，学习也需要勇气。这里先给大家讲一个缺乏勇气的故事：

初中后，陶哲转学到了新学校。他觉得非常不自在，离开了好朋友，离开了关爱他的老师，心里真不是滋味。

语文课上，陶哲感到很恐惧。老师提问，他不敢举手发言，结果老师给出的答案跟他心中想的答案一样。他更不敢正视老师的眼睛，生怕老师喊他回答问题。其实，在过去的学校，他根本不会这样做，只要知道答案，他就会第一个举起手回答。

数学课上，老师给同学出了一道分析题，让同学们解答。最后，老师将答案写在黑板上。陶哲发现，老师的做法有些麻烦，其实还有一种简便的做法，但他不敢跟老师说。

不可否认，陶哲就是典型的缺乏勇气。

在学习中怯懦胆小，心中有了想法，也不敢表达出来；遇到不会的题目，也不敢跟同学请教。这样，对学习是非常不利的。

人生之路，少有平坦，多有坎坷，学习的过程中需要毅力，更需要打败一切的勇气。只有相信自己，勇敢地迈出脚步，奇迹才能发生。

性格懦弱的孩子一般都沉默寡言，说话声音很小，眼神躲闪，做事迟缓，不敢独自出门，成绩自然也就无法提高。即使暂时能取得一些成绩，但从长远来看，勇气的缺乏，必然会给孩子的求学之路造成阻碍。

赵强小时候住在厂区大院，那个年代没有电脑，也没有智能手机，最大的娱乐就是和院子里的小朋友一起玩儿，最好的时光就是跟大家一起做作业。

夏天的一天，赵强放学后，跟几个小朋友在外面的台球桌上写作业。赵强遇到一道难题，在草稿纸上演算了几遍，都没有得到最终结果。看到有几个小朋友已经写完了作业，他更是着急，结果越急越没思路，草稿纸用了一大堆，周围都是被他撕碎的纸屑。

妈妈站在阳台上喊赵强吃饭，正好看到他郁闷的样子。吃完饭后，妈妈问："你怎么了？"

赵强承认自己遇到了难题，妈妈不置可否："你不是跟同学一起做作业吗？别人做完了，你就不敢问问，看看他们是如何解答的？"

赵强低着头，一句话也不说。

主动向他人提问是一种意识，没有谁天生就会做任何题目，向他人询问并不代表自己笨。敢于向同学请教，其实就是对孩子的一种警示，是孩子提高自己的过程。

每个孩子都不是十全十美的，都会遇到问题、难题，不敢问、不屑问，做题思路就无法打开。有时候，仅仅是他人一个小小的点拨，思路就能打开。因此，一定要让孩子勇敢地问、勇敢地回答。

相信自己，就能创造奇迹

自信是一种积极的心理品质，是促使孩子奋进的内在动力，是孩子取得成绩所必备的、重要的心理素质。孩子满怀自信，就能积极进取，提高成绩，就能接受一时的错误和不及格；缺乏自信，就会被颓废和绝望困扰，给学习造成恶劣的影响，甚至因此耽误自己的学业。

李欢正在上五年级，学习积极，成绩不错，平常在班里经常考前十名。但是她有一个缺点，就是总不相信自己，即使成绩不错，也觉得自己问题很多，尤其是参加大型考试时，更容易发挥失常。

眼看就要期末考试，李欢抓紧时间进行了系统复习，本该信心百倍，可她依旧缺乏自信，怕考不好丢人，让老师和同学笑话。结果，考试前几天，李欢就吃不下饭，睡不着觉，结果发挥果然失常了。

看到自己的考试成绩，李欢感到很沮丧，甚至更加怀疑自己，她觉得无论自己如何努力，都考不进前五名。

不自信的孩子，学习中就会出现这样的问题：

即使自己知道正确答案，也觉得是错误的；

即使自己考得不错，也会贬低自己；

即使老师夸奖了他，他也会觉得自己还没做好。

对自己缺乏自信，孩子就无法对自己的学习态度做出正确的判断，容易对自己做出错误的认识。因此，在孩子学习的过程中，一定要鼓励他们相信自己。

1. 孩子自信心不足的表现

数据显示，超过 60% 的青少年都存在信心不足的问题，主要表现在如下几方面。

（1）课堂上沉默寡言，缺少表达欲望。自信不足的青少年上课一般都没有热情，对老师所讲的内容没有兴趣，对各种问题、现象等置若罔闻，缺少基本的反应；基本不思考，更不会主动回答；突然被老师叫起来，会感到惶恐不安、无所适从，语言单调贫乏。即使进行小组合作，他们也只能做个旁听者，不会思考，不愿意表达自己的想法，生怕遭到同学的耻笑。

（2）学习活动极力躲闪，缺少参与热情。班级开展的各类学习活动，他们能躲则躲，能逃则逃。跟同学一起完成老师布置的学习任务时，他们缺少自律精神，不会主动跟他人配合，不能善始善终；他们总是往后躲，不想让老师发现，不愿意被同学关注；他们不敢参与竞技类活动，生怕做不好让同学笑话，对自己的能力缺少正确的估计。

（3）遇到问题束手无策，缺少应对能力。遇到学习问题的时候，他们喜欢逃避，态度消极，不想努力，不懂得寻求帮助。学习循规蹈矩，不敢尝试和创新，喜欢做简单的题目，不愿意做难题，惧怕失败带来的负面影响。与同学的解题思路发生矛盾时，不能正确认识，不能独立解决，过度依赖老师和家长。

（4）学习敷衍了事，缺少进取精神。不相信自己的青少年，考试期间不会进行积极有效的复习，不关注成绩的高低，缺少迎难而上的进取精神。对待作业敷衍塞责，感受不到求知的乐趣，怕苦怕累，总想逃避，缺少钻研精神。学习没有方向，缺少动力，缺乏责任心，不懂吃苦耐劳。

（5）不善沟通，不敢向同学询问。缺乏自信的孩子，当遇到不会做的题目时，也不会主动与其他同学沟通。他们喜欢独来独往，只会冷眼旁观其他同学，想跟同学请教，又羞于开口。遇到问题的时候，缺少自己的判断；畏惧成绩比自己好的同学，喜欢随波逐流，不敢质疑和反抗。

2. 造成孩子懦弱的原因

孩子在学习上之所以不敢相信自己，主要原因无外乎这样几个：

（1）教师对其缺少人文关怀。学校评价老师最重要的标准之一，就是教学成绩，可是有些教师喜欢以成绩论“英雄”。如果学生成绩差，沦落到班级的边缘，就会长期遭受老师的批评和同学的嘲笑。最初，孩子可能会惊恐无助地聆听老师的批评教育，最后就会由最初的成绩较差发展到对自己能力的怀疑。再者，有些老师最在意学生的成绩，对于成绩差的学生，他们不懂换位思考，孩子在老师面前感到无地自容，怎么可能自信满满？

（2）家长缺乏教育艺术。孩子自卑的背后一般都有一个冰冷的家，如果由于各种原因家庭解散或名存实亡，孩子就会觉得低人一等，感到自卑。在这样的家庭里，孩子觉得自己是家庭的“包袱”，常常诚惶诚恐，只能小心翼翼地应对随时而来的风暴，最终导致他们缺少生活的底气，学习也会变得不自信起来。

（3）孩子缺少集体的接纳。孩子成绩较差，如果在成长的道路上已经做上了标记，即使在班集体中，也无法快速融入同学圈；即使孩子很活跃，依然会变成被轻视的对象。在同伴中缺少认同感，孩子就会感到深深的自卑，长此以往自信心也会受挫。

（4）孩子的日常生活单一化。目前的青少年多为独生子女，在家庭中过着养尊处优的生活，除了学习很少承担家务劳动。生活太过单一，缺少基本的生活技能，享受不到生活的乐趣，更对探索没有兴趣，对于学习也就容易抵触了。

3. 让孩子自信起来

为了让孩子变得更加自信，家长就要从以下几方面做起：

（1）帮助孩子克服自卑心理。自信是成功的首要秘诀，是孩子取得好成绩和不断进步的动力。只有帮孩子克服自卑心理，才能让他们的身心得到健康发展。家长要在学习中留意孩子的心理变化，一旦发现孩子存在自卑心理，就要积极引导，将自卑从孩子心里祛除，让孩子找回自信。

（2）给孩子制订合理的目标。为了让孩子自信起来，就要给他们制订合理的目标，让他们感受达到目的的成就感。而这种成就感，就会让孩子变得自信。但在制定目标时，要注意切合实际。目标过低，孩子很容易做到就激不起他的上进心；目标过高，则会让孩子产生挫败感……这些都不利于孩子自信心的树立。

（3）用赏识激发孩子的自信。对孩子进行赏识教育，可以使自卑的孩子重拾信心，让困境中的孩子坦然面对挫折。家长是孩子最值得信赖的人，只要给予孩子赞美和赏识，孩子就会变得自信。

坚持主见，才能做好自己

在家长为孩子做好一切的时候，是否会想到这样一些问题：当孩子树立人生目标时，面对众多的选择时，被纷繁的信息弄得眼花缭乱时，周围充斥着各种反对的声音时，他们会听谁的呢？老师、家长、同学，还是权威机构？大量事实证明，面对这种情况，孩子多半都会乱了方寸，忽视了自己内心的声音。

青少年时期的孩子，并不是没有自己的意见，只是他们的声音很容易被外界干扰。当遇到重大问题时，只有有主见的孩子，才会支配自己，才不会被别人牵着鼻子走。

一次，小泽征尔去欧洲参加指挥家大赛，进行前三名决赛时，他被安排在最后出场。评委会交给小泽征尔一张乐谱，他以世界一流指挥家的风度，全神贯注地挥动着指挥棒，指挥着世界一流的乐队，演奏出了具有国际水平的乐章。

在演奏中，小泽征尔突然发现乐曲中出现了一个不和谐的地方。开始，他以为是演奏家发生了错误，便指挥乐队停下来重奏一次，但依然觉得不自然。

在场的作曲家和评委都郑重声明乐谱没问题，是小泽征尔的错觉。小泽征尔却坚信自己的判断是正确的。为了维护艺术的纯洁性和严肃性，他大声喊道："不！一定是乐谱错了！"

喊声刚落，评判台上的评委立刻站起来对其报以热烈的掌声，祝贺他大赛夺魁。

原来，这是评委精心设计的一个环节，为了试探指挥家在发现错误和权威人士又不承认的情况下，能否坚信自己的判断。因为，他们认为只有具备这种素质的人，才是世界一流的音乐指挥家。

真理一般都存在于自己的坚持中。因此，青少年一定要有主见，且敢于果断地说出自己的主见。

不可否认，小泽征尔确实是一个力排众议、果断地判断并坚持自己主见的人。这个故事再一次提醒我们，真理一般都存在于自己的坚持中，要想取得成绩，就要有主见，并敢于果断地说出自己的主见，不能人云亦云，更不要对权威让步。

在遇到问题的时候，很多孩子都是先看别人怎么做，不能坚持自己的判断，结果处理起来反反复复、犹疑不定，导致无法很好地解决问题。比如，课堂上老师提出一个问题，有的孩子发现其他同学说的答案不正确，虽然想提示，但也不敢举手。不懂独立思考，缺乏主见，就会心生胆怯，继而做出错误的判断和决定。

只要经过判断，认为自己是正确的，就一定要坚定立场，不被别人所左右。孩子小时候，总是被教育要听话，那是因为他们还没有辨别是非的能力，只能去听从。随着孩子逐渐长大，慢慢他们就会具备一定的价值观和人生观，就能够进行独立思考和判断了，这时候家长就要鼓励他们遇事坚持自己的主见，不轻易为外界所干扰。

青少年时期，要将孩子培养成有主见的少年，凡事坚持真理，不惧势力和权威；对正确的事物，坚决拥护，坚持到底，绝不动摇；对错误的事物要坚决反对。要鼓励孩子果断地做出自己的决定，大胆地表达自己的意见和情感，坚决拒绝不合理的要求，为自己的学习做主。主要包括以下三个方面。

（1）少些犹豫不决。有些孩子学习总是犹豫不决，不能坚持主见，因此家长要引导孩子提高对坚持主见的认识。比如，使用身边的成功事例或反面例子，让孩子体会到学习有主见带来的好处，认识到无主见对学习的影响及危害。

（2）学会独立判断。陪孩子一起做作业的时候，家长可以故意犯错，让孩子挑出错误的地方，然后告诉孩子：无论大人还是孩子，都有可能出错。一旦意识到这一点，孩子就不会盲从或模仿别人了。

（3）学会独立思考。遇事有疑问时，家长要鼓励孩子学会独立思考，主动解决问题。同时告诉孩子，只要经过充分的证实，确信自己的做法或观点是正确的，就要敢于坚持。

激励自己，勇往直前

事实证明，懂得自我激励的孩子，成绩往往更容易提高。我们先来看这样一个故事：

杰瑞家有一个刻有“与众不同”的红色餐盘，只要有人做了被一家人认可的事情，就可以用这个盘子吃饭。

这天，杰瑞带好朋友大卫回家。大卫骑来一辆漂亮的新自行车，正是杰瑞存钱想要买的。大卫得意地说：“我这次考试成绩不错，自行车是我妈奖励的。”其实，杰瑞这次考试成绩也不错，但需要自己省钱买车。

母亲担心杰瑞觉得不公平，就对他说：“我知道你可能感到不舒服。你的考试成绩确实不错，我和你爸也感到很骄傲，因此你有资格用红盘子吃饭。”

杰瑞却小声对母亲说：“妈妈，红盘子更棒，因为那是我自己努力得到的！”说完，就开心地和大卫出去玩了。

这个故事告诉我们：自我激励是习惯内化的结果，孩子重视的不是家长的表扬或物质奖励，而是对自己努力的肯定，并能正确面对物质诱惑。相反，不恰当的物质奖励，会使孩子更加依赖于他人的赞许。

孩子懂得自我激励，学习就能更有动力。事实证明，让孩子学会自我激励，是家庭教育中不容忽视的重要内容。因此，一定要让孩子学会给自己喝彩，给自己加油。关于此，主要需注意以下五点。

（1）保护孩子的人格尊严。家长都爱自己的孩子，却不一定会教育孩子。学习的时候，看到孩子贪玩、好动、淘气，有些家长就会大声斥责、严厉批评，甚至粗暴地打骂孩子。这种事情做得多了，孩子的自尊心就会受到严重打击，也就更难对自己进行正向激励。因此，要想让孩子很好地进行自我激励，就要少说侮辱孩子自尊、伤害孩子人格的话，要与孩子平等交流，尊重孩子的意愿，鼓励孩子勇敢表达。

（2）强化孩子的自我激励意识。生活中，潜移默化地强化孩子的激励意识非常重要，因此要让孩子多肯定、鼓励和表扬自己。对自己进行表扬时，要让孩子有意识地使用主语“我”，比如，“这次考试提高了 4 分，我为自己感到骄傲”。久而久之，孩子就会在内心承认自己，并感受到努力后获得成绩的喜悦。

（3）引导孩子制定目标。目标，也是孩子进行自我激励的一个好方法。当然，制定目标时，应从孩子的实际出发，不能过大过高。比如，如果孩子平时成绩都不及格，要让他考 90 分以上，就有些不切实际，即使孩子再努力，也不一定能立刻实现目标，久而久之，就可能自暴自弃。因此，最好先制订容易达到的目标，然后再逐渐增加目标的难度。

（4）强化目标产生动力。青少年活泼好动，自我约束能力差，可能刚确定目标的时候斗志昂扬，没过三分钟，热情就不在了。因此，在教孩子自我激励时，一定要提高他们的紧迫感。可以让孩子每天大声朗读自己的目标计划，加强他们对目标的认知。

（5）学会积极的心理暗示。孩子的学习之路不可能一帆风顺，要让孩子学会自我激励，给自己加油鼓劲。积极的心理暗示，为孩子提供了充沛的原动力，可以激励孩子战胜困难，比如："这道综合题我一定能做出来""这次考试我一定能比上次提高 5 分"……

第十一章

青春年少，正确对待孩子的情谊和朦胧的情感

珍惜同学情，和同学之间互相帮助

在人的一生中，朋友异常重要，能有几个交心的好朋友是人一生的幸事。“发小”更是可贵，因此引导孩子从小结交一些好朋友，比留给他巨额财富更重要。青少年时期，孩子和同学友好相处，就能营造良好的学习和竞争氛围，进而让孩子懂得友情的珍贵。

在网上曾看到过这样一则新闻：

复旦大学投毒案嫌犯林某与受害人黄洋及另一位室友曾因水票发生过争执。当时，黄洋和另一位室友提出三人平摊购买桶装纯净水的费用，但林某拒绝了，他提出，自己喝得少，平摊的方式不合理。此后，他退出平摊，自己买水喝。之后，林某开始出入隔壁寝室借水，这次争执激化了既有的矛盾。其实，早在半年前，林某就从微信好友列表上删除了黄洋，而黄洋当时也将林某删除了。

林某仅因生活琐事就“心存不满”，最后竟然狠心地用剧毒化合物毒死了同学，这样的冷面铁心令人唏嘘。究其根源，就是不懂得珍惜友谊所致。

对于孩子来说，友谊是至关重要的一种情感。孩子的主要时间都在学校，同学关系是孩子人际关系的主体。

跟同学友好相处，遇到问题的时候，就能跟同学讨论；遇到困难的时候，还能向同学寻求帮助。最重要的是，同学之间存在一种竞争关系，这种竞争关系可以促使孩子学习更加努力、更加珍惜时间。这也是很多家长愿意给孩子找学伴的重要原因。

那么，如何引导孩子与同学友好相处呢？

（1）正视矛盾，不回避问题。人与人相处，总会发生一些矛盾，孩子们之间更是如此。比如，不小心被同学推倒了，同学弄脏了自己的笔记本……当孩子之间发生矛盾时，要引导孩子正确认识，想办法解决。不要觉得孩子的矛盾都是小事。当孩子向家长哭诉时，家长更不能含糊其词。在孩子的成长过程中，每件事都要经历第一次，如果孩子钻牛角尖，即使不值一提的小矛盾，也会困扰孩子很长时间，直接影响到孩子的学习，严重者还会让孩子变得心胸狭窄，不利于孩子人际关系的维护和学习成绩的提高。

（2）遇到问题时，认真倾听。孩子跟同学之间出现矛盾时，要找到矛盾的焦点，帮孩子分清对与错，给对方一个客观公正的交代，该赔礼的赔礼，该道歉的道歉，从而提高孩子的责任感和道德感。而有责任感的孩子，更容易得到同学的谅解，更能拥有好人缘，遇到学习问题时也会有人愿意提供帮忙。

不要让模糊的爱情影响了孩子的学习

青少年阶段，很多孩子都会逐渐对异性产生倾慕和好感，并有一种想要与有好感的异性接近、了解、交往的需要。这是一种正常的情感需求，但搞错了二者的关系，孩子就会陷入无休止的矛盾中，继而影响到学习。

王雅和张浩是初中同桌，关系非常要好。因为他们常常在一起，很多同学都议论他们在谈恋爱。最初，王雅并没有在意，认为都是同学间的玩笑。但是这种议论多了之后，她也开始怀疑起来：自己是不是真的喜欢上张浩了？要不然自己为什么这么喜欢和他在一起呢？张浩是不是也喜欢自己呢？

因为时常想这样的问题，王雅的学习受到了极大干扰，而且再和张浩见面的时候，也会表现得很不自然，有时甚至故意躲着张浩，张浩也觉得很别扭。

后来，备受煎熬的王雅把这一切告诉了妈妈，妈妈听了女儿的烦恼，笑着说："傻丫头，你肯定是被同学们'扰乱视听'了，这真是一个'美丽'的误会。"

王雅不解地问："妈妈，你说的是什么意思啊？"

"妈妈问你，你是不是只要一看不到张浩，就想他？"

王雅想了想，诚实地摇摇头。

"看到其他女同学跟张浩在一起，你会吃醋、忌妒吗？"

"不会！"

"你们之间说话是不是很坦率，有什么说什么，而且还会互相开玩笑？"

"当然啦，我们是好朋友嘛！"

"哈哈，这就对了，这都是朋友间最真实的表现，你现在只不过是被其他同学的话影响了。因为这样而错失了一个好朋友，是不是很可惜？"妈妈依然笑着说。

王雅点点头说："妈妈，我知道该怎么做了。"

从那之后，王雅和张浩又恢复了好朋友的关系。王雅不受其他"流言蜚语"的影响，坦然地和张浩维持着真诚、单纯的友情，学习成绩稳步上升。

上例中的妈妈知道女儿被"感情"的事困扰时，并没有横加指责或者漠然视之，而是在尊重女儿的基础上，理智地和女儿分析友情和爱情的区别，很好地让女儿认清两者之间的区别，进而成功地帮助女儿解决了"感情"的难题。

爱情，是青少年必然会遇到的情感。将友情当作爱情，会让孩子们不知所措、患得患失。当孩子将注意力都分散在这种朦胧的感情中时，会使学习成绩下降。

而家长的重要任务之一，就是引导孩子正确区分友情和爱情，将二者的不同告诉孩子，主要包括以下几点：

（1）基础不同。友情的基础是“信赖”，真挚的友情具有绝对的依赖感和信任感；而爱情则是纠缠着“不安”，常会有“我深深地爱着他，他是否也深深地爱着我”或“他的态度稍微变了，是不是还和以前一样地爱着我”等不安的心理和想法。

（2）体系不同。友情是开放的，两个关系好的朋友之间如果遇到人生观和志趣相同的第三人、第四人想加入的话，大家都会欢迎；爱情则是自私的，两人在恋爱，如果第三人从旁加入，便产生忌妒心理和排斥的行为。

（3）地位不同。友情是平等的，要求朋友间立场相同，地位平等，可以直率地给对方提出忠告；甚至动怒，也要义正词严地规劝；爱情却要“一体化”，它具有一体感，两者不是互相撞击，而是互相融合。

（4）心境不同。友情充满充足感，当男女双方是亲密的好朋友时，彼此都有满足的心境；而爱情则充满欠缺感，两人在一起一段时间后，会生出不满足感，总希望有更强烈的爱情保证。

（5）支柱不同。友情的支柱是理解，需要双方了解和认清彼此的长短处和优缺点；而爱情的支柱是感情，它把对方美化、理想后产生了爱恋，贯穿全过程的是感情。

青少年时代，孩子对异性充满好奇和向往是很正常的，且异性之间广泛的接触和正常的交往，还有利于孩子的健康成长，但不能让孩子错将友情当作爱情。因此，家长要正确看待孩子与异性交往。当孩子面对友情和爱情这道难解的题目时，更应对他们进行正确的引导。

与异性保持适度距离，才有利于学习

拘谨、畏缩等负面情绪会妨碍青少年和异性交往；过分热情、随便，又显得轻浮、不庄重，同样不可取。整天想着如何接近异性同学，孩子就会沉溺其中而无法自拔，进而对他们的学习造成负面影响。下面是一位男中学生的自述：

“我是一名高中生，也是我们班的班长。由于班级工作的关系，我与班里的一名女生接触比较多。我发现自己非常喜欢她。上课的时候，总想多看她几眼。放学以后，满脑子都是她的样子，写作业时总是一个人发呆。结果，这次期中考试，我成绩大幅下滑。老师找我谈话，妈妈问我原因，我都不知道该怎么说了。”

这里还有一位女中学生的自述：

“我的同桌是个男生，很阳光，成绩也不错。于是，我想尽一切办法靠近他。排队的时候，我想站在他后面，就跟同学换了位置，结果被老师发现，狠狠批评了一顿。闺密发现了我的异样，劝我不要多想，好好学习，可是我总是期待靠近他。如果哪天看不到他，我就觉得心里难受……”

两个孩子的烦恼似乎道出了青春期少男少女的心声，同时也将一个不可回避的课题——如何与异性相处——摆在了我们的面前。

青春期，想要靠近异性同学，是一种正常的心理需求，也是心智发育正常的标志。众所周知，进入青春期后，少男少女体内性激素含量激增，体内的雄激素（男）或雌激素（女），会让他们产生接近异性的需要和愿望。这种需求不是错误的，更不下流，而是正常的、健康的，就像吃饭、睡觉、出生和死亡一样普通。

男女生的交往不仅是正常的，还很必要。青少年交往范围广泛，既有同性知己又有异性同学的人，比只有同性朋友的人的个性发展更完善，情感更丰富，自制力更强，心理健康水平较高，也更容易形成积极乐观、开朗豁达的性格，更有利于成绩的提高。

对异性的好奇，加上浪漫的幻想，孩子就会产生一种不同寻常的情感体验。这种体验是微妙的，更能让孩子获得心理满足。整天纠结于如何跟异性同学保持距离，孩子就容易胡思乱想，继而将学习时间浪费掉，对学习造成消极影响。因此，要想让孩子提高学习效果，就要引导他们学会正确地与异性同学相处。主要需做到以下几点：

（1）自然交往。消除异性交往中的不自然感是建立正常异性关系的前提，要让孩子像对待同性同学那样对待异性同学。在与异性同学交往的过程中，要让孩子做到言语、表情、行为举止、情感流露及所思所想等都自然、顺畅，既不过分夸张，也不扭扭捏捏；既不盲目冲动，也不矫揉造作。

（2）适度交往。异性同学之间交往的程度和方式要恰到好处，应为大多数人所接受。既不为异性交往过早地萌动情爱，又不因回避或拒绝异性而对交往双方造成心灵伤害。当然，要做到为大多数人所接受有时也并不容易，可以告诉孩子：只要做到自然适度，心中无愧，就不必过多顾虑。

（3）留有余地。在与异性同学的交往中，要让孩子所言所行留有余地，不能毫无顾忌。比如，谈话中涉及两性之间的一些敏感话题时要回避，交往中的身体接触要有分寸等。特别是在与某位异性的长期交往中，更要把握好双方关系的度。

（4）健健康康地交往。少男少女要大大方方地接近，堂堂正正地交往。这种坦诚的正常交往对于青少年的身心健康及学习生活都有着良好的促进和影响。

（5）真实坦诚。要让孩子跟异性同学坦诚相待，像结交同性朋友那样结交真朋友。虚假的孩子，是结交不到友善的异性同学的。

懵懂的爱恋最耽误学习时间

青春期的爱情是懵懂的，只是打发寂寞、无聊时间的工具。沉浸于爱恋中无法自拔，就会对学习造成负面影响。如下面这个例子：

杜晓和郭启轩是同桌，两人经常在学习上相互帮助。杜晓性格开朗，郭启轩则很心细。

一次，几个孩子一起到附近的公园游玩，天突然下起雨来，气温骤然下降。杜晓上衣只穿了件T恤，感到有点冷，便将双臂抱在胸前。郭启轩见状，赶忙将书包里备用的一件上衣拿出来，给杜晓披上，令杜晓十分感动，不禁感激地朝郭启轩看了一眼，郭启轩用微笑加以回应。

那时，电视上正在热播一部青春偶像剧，同学们都在关注男女主人公的爱情进展。受此影响，加上在公园两人的对视，似乎擦出一点爱的火花。从此两人经常相约周末一起逛公园、看电影、滑旱冰等，仿佛有说不完的话。可是，两人的成绩却一落千丈。

为了搞清楚女儿的问题，妈妈开始观察，结果发现女儿开始注意着装，周末找借口出门，出门前还要认真打扮，并喷上妈妈的香水……妈妈见此，心里大概清楚是怎么回事了。虽然有些惊讶和焦虑，但还是控制住了自己。

周五的晚上，妈妈带着杜晓到一家她喜欢的餐厅用餐，两人边吃边聊天。平时母女俩关系很好，就像相互信任的亲密朋友。妈妈先问了杜晓最近的学习情况，然后便开始谈正在热播的电视剧，并向女儿坦诚述说了自己的情感经历，以及对爱情婚姻的理解和体会等。随后，笑着问："你是不是谈恋爱了？说说，妈妈给你参谋参谋。"

杜晓听了，露出几分胆怯，见妈妈不仅没有责怪她，还要给她"参谋"，吃惊之余，她不好意思地点点头。

妈妈见状，微笑着问："哪位男孩子那么有福气，能让我的宝贝女儿看上？"

听了妈妈的话，杜晓一下子放松了很多，低声对妈妈说："是我同桌。"

妈妈心里颤抖了一下，她没有想到刚上初二的女儿真的开始恋爱了。尽管那一刻她内心十分担忧和不安，但仍然微笑着说："喜欢男孩，说明你是一个正常的女孩。可是，爱情是美好的，更是神圣的，你难道不觉得你俩之间的情感存在问题吗？"

杜晓诧异："什么问题？"妈妈知道这是女儿青春期对异性情感的萌动，并不是爱情。于是，她端起茶，轻轻喝了一口，说："爱情是积极的、美好的，能够让彼此进步。可是，你俩呢？成绩一路下滑……"

两周后，杜晓主动找妈妈说："我想了想，觉得还是学习重要。"听了女儿的话，妈妈如释重负，微笑着说："那你跟郭启轩谈一次，不要伤害他。”女儿爽朗地答应了。

从这个案例中，家长应该学到什么？当发现孩子恋爱的时候，家长是应该压制、阻挡，还是交流、沟通、理解和指导？

青少年时期，随着孩子生理发育期出现的心理萌动，梦幻中的恋爱有时会悄然而至。爱情像芬芳美丽的玫瑰，令人向往，可它却带着刺。用非正常、非恰当、非理性触摸它时，就会被它无情地刺伤。

面对自己身体和生理的变化，孩子往往对异性，特别是对自己喜欢、爱慕的人的身体和生理的变化充满好奇，并产生交往的冲动。尤其是女孩，初中时生理发育已接近成人，可心理发育却远没有成熟。再加上有的孩子缺乏自制力，就可能影响到学习成绩。

懵懂的恋爱就像带刺的玫瑰，不仅会刺伤女孩，更会伤害男孩，当然影响最大的还是学习。

对于青少年来说，最重要的还是学习。为了让孩子将注意力放在学习上，针对青春期恋爱，最好提前预防。在孩子升入初中不久，就要对其进行青春期恋爱、婚姻观等的教育。即使发现孩子真的恋爱了，也不必惊慌，要在尊重和信任的基础上，给孩子及时、真诚、恰当的帮助和引导。

爱上不该爱的人，会分散孩子的注意力

孩子在青少年时期，充满了迷茫、向往和躁动，对于“异性”，他们都有一股莫名的冲动。而这种冲动和成年人相比，属于情感方面的，与身体的欲望没有关系。这其实也是很正常的一件事，只要孩子努力调整就可以变得正常。但是，有些青少年则会爱上不该爱的人，比如，老师。一旦调整不好，轻者出现偏科，重者成绩就会急速下滑。

单女士的儿子成绩一般，只有英语成绩不错。也因此，儿子还当上了英语课代表。每次吃饭的时候，他都会跟单女士说英语老师如何的好。开家长会的时候，单女士也见过英语老师，觉得这个老师确实不错。

暑假放假前，正在上初二的儿子居然提出想要到英语老师家补课。看到儿子如此爱学习，单女士感到很欣慰。结果，一次收拾屋子的时候，单女士无意间看到儿子的日记，才知道，儿子从初一刚进学校开始就暗恋上了英语老师。同时，单女士也知道了儿子偏科英语的原因。

小小年纪就暗恋上了任课老师，这样下去，他哪里还有心思认真听课。单女士感到十分不安，试图找儿子谈话，但每次刚开了个头，儿子就

把她赶出房间。

其实，暗恋老师是一种很正常的现象。青春期，孩子已经对美丑、气质等有了自己的感受。如果发现某个老师很符合自己心中理想的样子，或者某个老师对自己有某些方面的帮助，他们就会在情感上倾向于这位老师，继而发展为暗恋。

其实，这时候的他们，只是一种崇拜或只停留在好感阶段。家长不必过于紧张，应该适当放开，正确引导。家长要让自己保持冷静，认真观察孩子的表现，听听孩子的想法。如果孩子对老师的种种暗恋对他的学习有帮助，也不用极力去反对。现在他们的感情还不成熟，等到毕业了，这种感情就会随之消失。

孩子已进入青春期，对异性老师产生倾慕、崇拜甚至暗恋，属正常的心理现象。而且，作为中学生，会因为喜欢某一学科而喜欢这个学科的老师，也是正常现象。但是，为了避免事态进一步发展，影响孩子的学习或成长，作为家长，要从以下几个方面来引导孩子。

（1）让孩子将注意力转移到学习上。不管是初中生还是高中生，学习任务都很紧张，尤其是初三到高中阶段的孩子，根本就没有发呆与臆想的时间，除非孩子希望自己的成绩一落千丈，最后连个像样的学校都考不上。所以，家长要引导孩子将注意力从异性老师身上挪开，让他将精力放到自己的成绩上，这也是让孩子变得优秀的最好办法。

（2）让孩子将这种喜欢认定为崇拜。青春期的孩子喜欢上异性老师，多半都是崇拜心理在作怪。青春期是情感萌动的年纪，很多孩子就会将这种正常的崇拜当成喜欢甚至爱。对此，家长首先要调整好自己的情绪，可以这样告诉孩子：这是一种非常阳光的崇拜行为，没有见不得人的私欲色彩。如此，孩子才能让自己的这种喜欢变得阳光且正常。

（3）不要让孩子有过多幻想。青春期，一旦感情萌发，孩子就会越发地以为那是真的，甚至还会幻想和心仪的老师走上红地毯的场景。一旦产生这种幻想，孩子往往会无法自拔。因此，当家长感觉到孩子情感萌动的时候，要让他（她）减少这方面的幻想，不要着迷，不要上瘾。

（4）管不住自己情绪的时候去跑步。当孩子无法控制自己情绪的时候，可以让他开始跑步，一圈一圈地跑，直到把自己累倒；也可以重复做仰卧起坐。总之，让孩子的身体感觉到疲惫，就会免去他很多的胡思乱想。

第十二章

营造良好的家庭氛围，让孩子爱上学习

打骂让孩子更厌恶学习

孩子不是与生俱来就聪明的，不要总拿自家的孩子和别人家的比，否则不仅会伤害孩子，还会打击到孩子的内心；更不要打骂孩子，这样会适得其反。

李娟性格比较内向，总是低着头走路，话不多。某次上课，她额头有血滴下，同桌好心提醒她，却被她狠狠瞪了一眼。后来，从同学口中得知，每次只要成绩不好，李娟就会遭受妈妈的暴打。一次成绩没考好，她妈甚至还追到学校，拿着一根木棍，准备给李娟一棒，幸亏老师及时出现，将她妈妈拉住，这才让李娟免了皮肉之苦。

毕业之后，李娟便淡出了人们的视线。

后来同学聚会，大家再次见到了李娟，她仿佛老了许多。她告诉大家，自己离婚了，因为不自信，总是担心老公拈花惹草，吵架更是家常便饭；女儿也不乖，一不听话，她就动手打孩子。因为从小的教育告诉她，这是管教孩子最有效的方式。最终，老公忍无可忍，提出了离婚，女儿也归了男方。

幼时的经历，让李娟以为家长的“打骂”才是正确的教育方法，最终活成了她最痛恨的样子，并将这种愚蠢的教育方式施加在下一代身上。

李娟既是一个“打骂”的受害者，也是一个“打骂”的传递者。“棍棒之下出孝子”，真的是这样吗？研究表明，对家长来说，打孩子是最愚蠢、最无能的行为。

孩子学习成绩差，家长更应该反省，更需要耐心地对待孩子，不能用语言去伤害孩子，要多与孩子沟通，为孩子创造良好的家庭氛围。

孩子上了初中后，很多家长都开始感慨，以前从来不动手，现在一天不打，孩子就上房揭瓦。须知，学习是一个循序渐进的过程，急不得，更打不得。

家长要明白，学习是为了让孩子更好，却不是衡量孩子好坏的唯一标尺。而且，正确和耐心的引导，远比打骂更有效。退一万步说，孩子成绩不好，最多就是不成材，但是，你的打骂却会让他不成“人”。

新时代的家长，应该以什么态度面对自己的孩子呢？

（1）积极了解情况。作为家长，不能只关注孩子的考试结果，而无视孩子在掌握课业过程中做出的努力，不了解这其中孩子的内心变化。知道孩子分数时，即使考试结果不佳，也不要生气，不要呵斥他为什么会考得这样不好。通常，孩子没考好，自己也会感到难过，家长应当积极地跟孩子交流，把自己定位成一个可以随意倾诉的对象，让孩子把自己考后的想法说出来。要了解孩子考得差，是因为没有好好学习还是身体不舒服，或者由于考试临场心态有比较大的波动所致。然后，对症下药，提出有效意见。

（2）孩子考得好也要重视。很多家长平时只关注孩子成绩不好的时候，忽视了他们考得好的时候。这样就会给孩子一种暗示：考得不好是行不通的，而考得好是应该的。如此，只会打击孩子的学习热情，不利于其后续的学业发展。因此，孩子考了高分，不要给他戴高帽子，过度吹捧，那样只会让他飘飘然，而是应当给予孩子适当的认可和鼓励，同他一起分享获得好成绩的喜悦。孩子得分低时，也不要破口大骂，应陪同孩子寻找问题所在，积极解决问题。

（3）时刻反思自己。孩子的成长过程中处处都有家长的影子。孩子学习态度不端正，对学习不重视，家长要回头看看自己，想想自己日常生活中是不是也常说几句“读书无用”的言论，或自己对待学业也不上心。这些不好的行为，被孩子看在眼里，同样会影响他们对待学习的态度。

家长不要过分看重成绩

青少年都是天真纯洁的，都有积极向上的愿望，即使平时成绩差的孩子也有考第一的愿望。

其实，平时成绩不错的孩子，并不能保证每次都能考高分。即使是自己擅长的科目，如果发挥不佳或因为某些因素的影响，也可能考得一塌糊涂。

家长只关心孩子的成绩，忽视了孩子的情感，看到成绩差就训斥一番或辱骂一通，孩子不仅会备感委屈，自尊心也会受到伤害。长此以往，孩子就会自暴自弃，产生厌学情绪。

一直以来，杜周的成绩都不错，每次只要考了好成绩，妈妈就特别高兴，甚至还要请家人来聚餐。而杜周则显得见怪不怪了，表现得很平静，没有因为好成绩而欣喜若狂。

有一次杜周考场上没发挥好，排名跌了好几名。看到试卷上的 88 分，妈妈很生气，指责他说：“这么简单的题也能做错？怎么不仔细一点？连 90 分都没达到。”

杜周解释说："昨天咱们去奶奶家，回来晚了，影响了睡眠，我考场上犯困了，但保证下次考好。"

妈妈不听儿子的解释，她要的是分数，说道："在微信群中，看了你们的考试排名。你的同桌上次考了90分，这次考了96分。你考那么少，怎么好意思跟人家坐在一起啊？"

杜周感到委屈极了，最终没忍住，冲着妈妈喊道："分数分数，就知道分数，你难道不知道我很累吗？"说完"嘭"的一声，把自己关进了屋里。

妈妈对杜周的分数看得很重，以致儿子一次失利，就引发了她的抱怨，感到伤心，感到没面子。

在我们身边，多数家长都跟案例中的杜周妈妈一样，希望自己的孩子品学兼优，希望孩子每次的成绩都不错。虽然不了解孩子平时的学习情况，却异常关心孩子的分数。

家长关心孩子的学习没错，但把结果看得太重，觉得高分才能反映孩子的真实学习情况；当别人夸奖自己的孩子考了高分时家长就会感到高兴和满足。其实，这是典型的虚荣心在作祟。

在孩子的成长和学习中，确实离不开"分数"，小升初，看分数分班；初升高，看分数录取；考大学，更离不开分数。孩子考试紧张，家长更紧张分数，更看重分数，如此也就有了过于看重孩子成绩的看似合理的理由。

从小学到大学，是一个漫长的学习过程。这个过程中，孩子将经历艰苦的学习，面对许多挫折，经历无数次考试，只有拥有强健的体质和健康的心理，才能实现家长设定的目标以及自己的理想。退一步，即使孩子考入了全国一流的大学，但没有强健的身体和健康的心理，照样会被学校和社会所淘汰。

美国教育家斯宾塞曾经说过："身为家长，千万不能太看重孩子的考试分数，应该注重对孩子思维能力、学习方法的培养，尽量留住孩子最宝贵的兴趣与好奇心。绝不能用考试分数去判断孩子的优劣，更不能让孩子有以此衡量荣辱的意识。"

记住，千万不要仅凭成绩论孩子！

孩子，首先是一个人。学习是影响一个人成功与否的重要因素，但成绩却是有别于学习的另一个概念。一次考试成绩，只能体现孩子对试卷题目的掌握程度，而有些平时学过的知识点并没有出现在试卷上，因此仅从成绩上是看不出孩子对知识的把握程度的。

其实，衡量孩子能力的方面有很多，仅看成绩，就显得过于片面了。只会考试，一遇到真实问题就束手无策、呆若木鸡，孩子就会成为典型的"书呆子"。如果孩子低情商，即使成绩不错，又有何用？

看到孩子点点滴滴的进步

发现并赏识孩子的进步，不仅能影响孩子的学习效果，还会影响到孩子为人处世的态度。在学习中，每个孩子都会取得进步，只不过有的明显，有的不明显罢了。作为家长，不仅要重视孩子的大进步，更要重视孩子的点滴进步。因为有时候，只要发现孩子的一个闪光点，并将它放大，就能影响孩子的一生。

一天放学，女孩高兴地飞奔回家，一进门就对妈妈说："妈妈，老师夸我作文写得好，还在班上被当作范文读了呢！"妈妈看了看女儿，严肃地说："看把你高兴的，你可别因为这一次就骄傲自满了，还得继续努力。"

女孩希望得到妈妈的称赞，便说："老师今天就读了我的范文，我写的作文还是第一次被当成范文在班上读呢！"

妈妈说："至于把你高兴成这样吗？你看周阿姨家的孩子只比你大5岁，人家写的小说还在网上连载了呢！"

女孩犹如遭受当头棒喝，那股高兴劲儿瞬间烟消云散了。

案例中的家长，抹杀的不仅是孩子的成绩，更是孩子对学习的积极性。也许，孩子会想，无论怎么努力学习，都得不到妈妈的赞美。如果家长的眼中只看到孩子的不满足，孩子就会变得自卑，慢慢失去前进的动力和信心。

无论在学习上还是在生活中，孩子总有做得不好的地方，但是他一直都在努力，都在进步，即便是再小的进步，都是他通过努力取得的。家长忽视了孩子的点滴进步，不进行鼓励，就等于否认了他的付出，孩子也可能因此变得消极，甚至放弃努力。

青少年都有被肯定、被赏识的心理需求，渴望在取得进步的同时得到家长的肯定和鼓励。所以，家长要善于发现孩子的点滴进步，并毫不吝啬地鼓励他，让他感受到自己的进步是受人关注和认可的。

要想学会用欣赏的眼光去发现孩子的优点，家长就要努力做到以下几点：

（1）要看到孩子的点滴进步。既然要比较，就要拿孩子的今天跟他的昨天及前天比，而不要跟其他孩子比。比如，这一次比前一次作业的错误率少了多少，比上次考试成绩提高了多少，比上次态度是否更端正，比上次是否想出了更多的新点子……因为，这些细微的优点都可能在不经意间变成燎原的星星之火。

（2）不要和别人家的孩子做比较。为了激励孩子，有些家长喜欢拿自家的孩子跟别人家的孩子做比较，其实只能给孩子添麻烦，让孩子遭受打击。孩子的发展是不同的，都有自己成长的规律，需要家长用平常心去对待。家长要始终相信自己的孩子，不能只看到他的短处，要多鼓励和赞美他，少些批评和指责。

（3）不要一成不变地看待孩子。时间不会停止，孩子也会慢慢长大，家长要适应孩子的这种变化，不管以前孩子是什么样的人，要关注孩子的现在和未来。家长要积极发现问题，帮助孩子改正，引领他们走向正途；总对孩子说“你以前怎么怎么听话”，只能招来孩子的厌烦。

（4）用辩证的眼光看待孩子。对于孩子的进步，要根据具体问题从多个角度去了解分析。比如，孩子的作业错误较多，应该看看哪些题错了，是因为不认真还是根本不懂，或抄错了题目。这样，即使批评孩子，也能让孩子信服。

（5）不要只盯着孩子的某个方面。孩子是家长最优秀的“作品”，孩子能成为学霸固然可喜，可毕竟不是每个孩子都能成为学霸。学习中，多数孩子都有自己的短板，家长要鼓励孩子发挥长处，扬长避短，成长为优秀的人，而不能只盯着孩子的一处看。

（6）用全面的眼光看待孩子。家长不仅要关注孩子的学习成绩，更要重视孩子的性格、文明礼貌、劳动表现、与人交往、文体才能、兴趣爱好、动手能力、卫生习惯等多方面的情况。这样，就不难找到表扬的内容了。

多鼓励，巧批评

批评得是否到位，对孩子后续的行为会产生很大影响。在孩子成长过程中，家长看到什么，批评什么，都至关重要。总拿自己孩子与别人的孩子比较，动不动就“批”孩子一顿，是最“笨”的做法。但这样的家长却大有人在。

男孩在家里做作业时总是磨蹭，不是喝水，就是吃水果，或者玩手机。爸爸催他去学习，男孩就会说“等一会儿”，可是一会儿过后开始写作业时，又要喝水，上厕所，不是没有尺子，就是圆珠笔没水了，出现一堆的事儿，无法进入学习状态。

刚开始，爸爸还能忍住不发火，但很快就开始吼骂、指责、唠叨，可是不管用，甚至拿钱“贿赂”孩子也不管用。

为了让儿子提高学习效率，爸爸想了一个办法，在墙上贴了一张纸，纸上写着：别磨蹭，别马虎，别走神！可是，贴完以后，孩子变得更磨蹭了。

仔细观察就会发现，在“别磨蹭，别马虎，别走神”三句话里，有个共同的“别”字。

人类的大脑经过亿万年的进化，具有了很多功能，但有一项缺陷，就是听不懂“别”字，“听不懂”“不”字。为什么会这样呢？这是因为人类大脑的神经元有两个功能，一个是兴奋，一个是抑制。说起“别讲周老师”，“周老师”就会在头脑中兴奋起来，孩子们要用意志力把它压抑下去，这个很难！即使成人也很难做到，更别说孩子了。青少年时期，孩子的大脑神经抑制功能还不完善，让孩子执行否定性的指令，孩子就容易听不懂、做不到。

还有一个原因，使得家长不管怎么说，都不会在孩子身上产生作用。那就是冲孩子“吼”。当家长“吼”出负面语言的时候，其语气和情绪一定不是温柔平和的，要么是大声咆哮出来，要么满腔怒火。如果家长吼完了，孩子却不怕，那无任何意义。但如果孩子感到害怕了，在恐惧的情绪下，记忆力就会非常深刻，会把那些负面标签都贴在自己身上，就会知道“我很磨蹭、马虎，不能管控自己的行为”，由此孩子就会变得越来越磨蹭。也就是说，就是因为家长的负面言语，才让孩子变得更加磨蹭。那家长应该怎么做呢？

（1）不要随意给孩子贴标签。批评时，不要随意给孩子贴标签，比如，直接说“孩子懒”，这样只能给孩子错误的暗示，让他思维固化，觉得自己不是一个好孩子。正确的批评方式应该是就事论事，不翻旧账，不夸大孩子的错误！

（2）告诉孩子如何改正错误。很多时候，孩子犯错并不是有意为之，他自己也知道这样做不好，只不过缺少合理的方法去改正，或者很难战胜懒惰、贪玩等天性，所以在批评孩子时，还要给他们提供正确的改正方法。

（3）告诉孩子究竟错在哪里。批评孩子的最大目的是帮助孩子改正，所以在批评中，最重要的是要让孩子意识到自己的错误带来的负面影响，家长切不可只顾发泄自己的情绪和不满。

健康成长，才是王道

很多家长只重视子女的学业成绩，只关心子女的身体健康，忽视了孩子的心理需要，面对子女的反常行为，采取粗暴简单的教育方式；在孩子面临各种生理、心理问题时，有的家长不能及时地给予指导和帮助，让孩子们产生了心理障碍。其实，孩子身心健康比什么都重要。

下面是一个初中生的倾诉：

我是一名初二女生，不知道怎么了，自从上了初中，我和我爸妈总是说不到一块儿去。我妈对我要求很严，无论大事小事，都要跟我一讲再讲，有时甚至婆婆妈妈、唠唠叨叨，我都有些受不了了。

我爸爸的工作地点离家较远，只有周末才能回一次家，但他也只是偶尔问问我的学习，从不与我谈心，也不带我出去玩。我有时想，我的爸妈怎么就不能像其他同学的家长一样呢？但他们依然口口声声说是为了我好……

这里，还有位母亲的倾诉：

我儿子上了初中后，简直变了一个人。平时，我们都忙于工作，孩子上课时间也很紧张，只有到了周末，我们一家三口才能团圆，但在一起的时候孩子与我们说的话却越来越少。上次孩子过生日，他邀请了很多同学来家里，却让我和他爸到外面去吃饭。对他的学习、生活多说几句，他就显得不耐烦，有时甚至还跟我们顶嘴……我真不知道他心里在想什么。

无独有偶。这里一位妈妈还讲述了这样一件事：

昨天晚上，上初一的女儿放学回到家，一改往日看电视的习惯，径直走进自己的房间，开始睡觉，吃饭的时候才出来。看到她神情很沮丧，好像有什么心事。我问她是生病了，还是在学校受了委屈。她说没有。两天后，班主任给我打电话说，孩子这两天沉默少言，郁郁寡欢，上课总走神儿。

不可否认，上面事例中的这些家长都忽视了孩子的心理需要。而另一些家庭则人为地造成了子女的心理负担。

每到考试前，妈妈都会对女儿说："这次如果考不好，看我怎样收拾你。"结果，女孩从小学开始，只要考试不及格，都会受到妈妈的打骂，上了初中依然如此。

女孩很怕考试。其实，她也想考好，考差时也希望有人能帮她分析原因。由于成绩不好，遭受了老师的批评和同学的讽刺，这些她都可以接受，但没想到妈妈也看不起自己，女孩对自己也就失去了信心。

教育没有方程式，不能以成人的心态来强迫生理、心理都尚在成长的青少年去做本该由成人完成的事，而忽略了孩子的学习能力和心理需要。

心理健康的孩子一般都性格开朗，活泼主动，好奇心强，跟家长的关系融洽；他们主动与家长沟通，与同学关系好，是非观念强，自觉性强，学习欲望强烈，面部表情愉悦，精力充沛，善于交友，不孤独，等等。如何才能培养出这样的孩子呢？重视孩子的心理健康不可能简单化，要关注以下几点：

1. 对孩子进行心理健康教育。家长要认识心理健康在孩子成长过程中的地位和作用，多接受这方面的宣讲；要理解孩子出现心理障碍，认真对待孩子的过失行为、违规行为。孩子有了某种需要，不要不加选择地满足，更不能不理睬。

2. 探寻心理问题产生的原因。如果孩子确实出现了心理问题，不要疑神疑鬼，不要将他们的心理问题框框化，不要将主要原因归结在孩子身上，要多从自身、从家庭和亲子关系方面去寻求原因。

3. 用正确方式来处理问题。不仅要充分认识心理健康对孩子成长的作用，还要从家长自身出发，做好心理调适，采用正确的方式来对待孩子的问题。

后 记

经过一年时间的努力，这本书终于成书，心愿达成，内心也有稍许雀跃。

临近结尾，我想对读者说这样几句话：

1. 为了让内文更鲜活，该书使用了很多案例，请不要将案例直接投射到自己或亲朋好友身上。如果某个案例，正好是你经历过的、看到过的或感受过的……也只是雷同，纯属巧合。这里，我们并不是要批判谁，也不是要表扬谁，仅仅是为了让内文不显枯燥。

2. 内文介绍了很多关于改善青少年厌学的方法，具体而实用，但要想让这些方法真正发挥作用，仅掌握方法还不够，还需要家长和孩子的亲自实践。有些方法看起来很简单，但不一定就适合你的孩子，而要想找到真正适合自己孩子的方法，必须经过不断的实践。

3. 对于“青少年厌学”这个主题，我一直都在研究和思考，为了给予家长和青少年帮助，我也在努力寻求最佳方法，而且已经找到很多，甚至还将重点陈述在了本书中。如果您对这方面感兴趣或遇到了相关困惑，都可以直接跟我联系，咱们一起来解决问题。

……

生活在新时代的青少年，追求个性与自我，性格更乖张，思想更鲜活，需要家人的理解和支持，作为家长的我们，更要解放思想，更新观念。固守旧的育儿理念和方法，不仅解决不了孩子的问题，还会引发亲子冲突。

育儿的过程离不开家长的自我成长，为了让孩子早日从厌学的“泥潭”中走出来，家长就要跟孩子保持同频，一起学习，一起进步，一起改善，一起思考！记住，聪慧的家长都爱学习、爱思考！